教汉语，走世界

北京语言大学出版社
BEIJING LANGUAGE AND CULTURE
UNIVERSITY PRESS

© 2023 北京语言大学出版社，社图号 23064

图书在版编目（CIP）数据

教汉语，走世界 / 李艾著 . -- 北京 : 北京语言大学出版社，2023.7
 ISBN 978-7-5619-6286-2

Ⅰ.①教… Ⅱ.①李… Ⅲ.①汉语－对外汉语教学－文集 Ⅳ.①H195-53

中国国家版本馆 CIP 数据核字（2023）第 115756 号

教汉语，走世界
JIAO HANYU, ZOU SHIJIE

排版制作：	北京创艺涵文化发展有限公司
责任印制：	周 燚

出版发行：	北京语言大学出版社
社　　址：	北京市海淀区学院路 15 号，100083
网　　址：	www.blcup.com
电子信箱：	service@blcup.com
电　　话：	编辑部 8610-82303647/3592/3724
	国内发行 8610-82303650/3591/3648
	海外发行 8610-82303365/3080/3668
	北语书店 8610-82303653
	网购咨询 8610-82303908
印　　刷：	北京富资园科技发展有限公司

版　次：	2023 年 7 月第 1 版	印　次：	2023 年 7 月第 1 次印刷
开　本：	710 毫米 × 1000 毫米　1/16	印　张：	9
字　数：	132 千字		
定　价：	78.00 元		

PRINTED IN CHINA

凡有印装质量问题，本社负责调换。QQ：1367565611，电话：010-82303590

近50年来，我魂牵梦绕的黑皮肤、白皮肤、黄皮肤的学生们，你们在世界各地都生活得好吗？你们和你们的家人都还好吗？老师非常想念你们。

　　往事并不如烟，我愿以我绵绵的回忆，述说和你们在一起的故事，分享那些和你们共同经历的苦与乐。我为你们的健康成长而快乐，为你们在你们的国家取得的成绩而骄傲。愿你们那一双双黑眼睛、蓝眼睛、灰眼睛和褐色眼睛中能折射出五光十色的愿景、理想、担当和责任。你们永远在我眼前闪亮，你们的七彩光环永远照亮我前行的路。

李艾

李艾（中）和学生们在北京语言大学来华留学生汉语言专业建立三十周年活动现场

李艾（中）和墨西哥、西班牙、秘鲁、智利学生

活泼的欢度中秋主题课堂，学生们正在等着吃月饼

西班牙学生莫帝(三排左三)和参加"戏剧教学法"培训的外派教师

李艾(左一)和厄瓜多尔驻华文化官员夫人在塞万提斯学院

李艾在古巴哈瓦那大学正门

李艾在清华大学做对外汉语教学顾问

李艾接受中央电视台西班牙语频道《对话》栏目专访,介绍拉美国家汉语教学现状

李艾（左一）和墨西哥、西班牙学生在录音棚工作

李艾（一排左三）、赵亚茹老师（二排左三）和赴海外教汉语的志愿者们

李艾（二排左三）和哈瓦那大学的学生

李艾（二排左四）和韩国、日本、印尼留学生，在北京语言大学的课堂上

哈瓦那大学汉语班结业式在海明威度假村举行，李艾获鲜花和孺子牛木雕

VII

李艾的学生在进行武术表演练习

李艾的学生在准备表演节目

李艾（一排左三）和赵永魁、孟子敏、刘丽瑛老师及学生白诗德等人合影

李艾（一排右二）和章继孝（一排左二）、申修言（一排右一）、赵雷（二排左二）、聂学慧（二排中）、陶小红（二排右二）、弓月亭（二排右一）等老师合影

荷兰班学生和刘锡荣老师、杜道明老师、黄悦老师在教室里

北京语言大学青年教师和哈瓦那大学孔子学院外方院长克里斯蒂娜（中）

序 言

Como Embajador de Uruguay en la República Popular China, es un placer para mí poder dedicar unas palabras al libro titulado "*Recorrer el mundo enseñando chino*" escrito por mi querida amiga, la profesora Li Ai.

Personalmente, conozco en profundidad el excelente trabajo que la profesora Li Ai ha realizado en el acercamiento de la cultura de Uruguay y de China, promoviendo los lazos de amistad que unen a nuestros pueblos. La dedicación y el deseo por fomentar la cooperación entre China y diversos países del mundo, ha sido un factor determinante en la enseñanza del chino como idioma extranjero que ha impartido la señora Li a sus múltiples estudiantes.

Particularmente, en este libro encontramos artículos en los cuales se muestran personalidades destacadas e icónicas del Uruguay, además de interesantes momentos de interacción e intercambio entre la cultura sino-uruguaya. A modo de ejemplo, en el pasaje "*Enseñar la escritura china en las pampas*", se genera un acercamiento a la tradicional cultura del "Gaucho" en Uruguay, figura representativa de las pampas de América del Sur.

Para finalizar, espero que este libro sirva de inspiración para que más personas se interesen por conocer la cultura y las tradiciones más representativas del Uruguay y de su gente.

Fernando Lugris
Embajador de Uruguay en China

作为乌拉圭驻华大使，我很高兴能为我亲爱的朋友李艾老师的《教汉语，走世界》一书献上几句话。

我本人深知李艾老师在推动中乌两国文化、增进两国人民友谊方面所做的出色工作。李老师一直致力于促进中国与世界各国的协同合作，这也成为李老师给众多学生讲授汉语课程的一个决定性因素。

这本书充分展示了乌拉圭的特征和标志，分享了中乌文化互动交流的有趣时刻。例如，在《把汉字写在潘帕斯草原上》一文中，李老师详细解读了乌拉圭高乔人（南美洲潘帕斯草原代表民族）的传统文化。

最后，我希望这本书能够激发更多的人去了解乌拉圭及其人民、传统和文化。

费尔南多·卢格里斯

乌拉圭驻华大使

作者的话

北京语言大学建校已六十周年，我愿以《教汉语，走世界》献给北京语言大学。这里是我扬帆起航的地方，也是我几经考验之后胜利返航的港湾。

我从事对外汉语教学 48 年，学生来自几十个国家。在和他们接触的过程中，我发现他们几乎无一例外，都对中国文化有着浓厚的兴趣。这种兴趣随着他们汉语水平的提高，变得尤为强烈，也成为他们刻苦学习的动力。

当他们用汉语同我谈及中国的饮食和武术，谈及中国的"天人合一"观，谈及中国的阴阳学说和太极，谈及老子和孔子，谈及博大精深的中医知识等中国传统文化时，我深感语言在文化交流中的巨大作用。特别是看到他们用汉语将他们自己国家的文化同中国文化进行对照和宣讲时，我对祖国文化的自信更加坚定了。

汉语作为中国文化的载体，其功能远远超出了语言本身的范畴。作为对外汉语领域的长期耕耘者，我在汉语的这种延展性功能的巨大影响力中，受到了莫大的鼓舞和激励。我无怨无悔，热爱我这平凡而艰巨的工作。

这本集子的主要内容正是这些借助汉语、汉字，实现中外文化交流的故事。集子里的每一个故事都是我的亲身经历，其中提到的很多人都曾经跟我学习过汉语，同他们的每一次交流留给我的印象都让人难以忘怀。集子中的人物首先是在中国大学学习的外国留学生，主要来自我从事教育工作的北京语言大学。至今，仍有许多曾经在中国获得学位的外国留学生和我保持着紧密的联系。他们通过各种途径告诉我，汉语成就了他们的人生，汉语让他们很幸运地读懂了古老的中国和今天的中国，尤其让他们了解了中国的灿烂文化。这些人中还包含了一些在职人员，他们学汉语的热忱不亚于在校学生，只是苦于没有充足的时间和精力。还有那些使用母语大量阅读与中国历史、地理、风土人情等内容相关的翻译作品的朋友，与他们有关的大量生动、鲜活的故事，让我难以收笔。

我曾两次由国家公派到西班牙语国家教授汉语，一次是作为普通汉语教师在大学任教，另一次是作为古巴哈瓦那大学孔子学院的中方院长进行相关工作。这些在国外进行汉语教学的经历给我带来了许多与学生进行文化交流的机会。我也曾多次作为随任人员，陪同我丈夫一起在新华社海外分社工作。经我国驻所在国使馆的安排或同意，我得以在不同国家的汉语教学机构或涉外机构教授汉语，也会为那些对汉语有兴趣的人提供义务教学，或同他们一起开展友好活动。他们之中有政府官员、学者，还有普通百姓。

学了汉语之后，西班牙留学生安娜回国开办了一家针灸诊所，还顺便传授中医基本理论。当地人慕名而至，她获得了很大成功。汉语还让她在中国收获了爱情。我们长期保持着联系。

西班牙弗拉门戈艺术家跟我学唱过《草原上升起不落的太阳》和《在那遥远的地方》；墨西哥留学生巴布洛和西班牙留学生莫帝同我一起走上过中央电视台的荧屏，巴布洛还和西班牙女孩儿伊奈丝跟我一起走进录音棚，为多套基础汉语教材录音。那些日子都十分值得回味。

20世纪90年代，一个高乔小姑娘听说时任中华人民共和国主席的杨尚昆要到访乌拉圭，突发奇想要向我学习汉语。她的父母准备了丰盛的午餐招待我，我品尝了美味的南美烤牛肉，他们也尝试了我当场做的炒鸡蛋，并且颇有兴趣地学习了筷子的相关文化。小姑娘一再强调，长大后一定要来中国学习。在牛羊成群的牧场上，她开始了汉语学习。从"点、横、竖、撇、捺"等笔画，到"人、口、足、刀、尺、牛、羊、山、水、日、月"等简单的汉字，我们仿照古人，把树枝当笔，在牧场的大地上写汉字。

在古巴工作期间，我在古巴国家芭蕾舞团办了一个汉语班，帮助他们学汉语并了解中国。2012年4月26日，他们来到北京，在国家大剧院演出，整个行程中的观光、游览、购物、交友都用到了汉语。与此同时，我义务承担着一家儿童舞团的汉语教学工作，吸引了不少不同年龄段的孩子，他们对中国的民族舞蹈和武术很感兴趣，我自费为他们购买了演出服和扇子。如今，他们都已长大成人、为人父母了，但他们对中国舞蹈、木兰剑、太极拳等，还依然保持着浓厚的兴趣。如此种种故事，不一而足。

中国不断发展，尤其是随着"一带一路"倡议的推进，中国同外国的文化交流也进一步深入。如果我这本集子里的故事能给对外汉语教学领域的从业者和其他国家的汉语爱好者带来一些启迪和帮助，那将是我最大的快乐。

目　　录

万里长城的召唤 …………………………………………………… 1

汉语节目表演助推汉语教学 ……………………………………… 4

"小联合国班"的教学经历和感悟 ………………………………… 7

乌拉圭北方春天的节日 …………………………………………… 15

把汉字写在潘帕斯草原上 ………………………………………… 19

中国戏曲学院里的泪水和笑声 …………………………………… 26

跟我学中文的卡门 ………………………………………………… 30

我教辛迪·克劳馥学汉语 ………………………………………… 34

塞万提斯故乡行
　　——万里赠书 ……………………………………………… 38

塞万提斯纪念活动别开生面 ……………………………………… 41

我教弗拉门戈艺术家学唱中国歌 ………………………………… 44

万里相见不是梦
　　——罗尼和安娜 …………………………………………… 47

我教修女学中文 …………………………………………………… 52

《爱与离别之歌》的诞生 ………………………………………… 56

我的海外教学花絮 …………………………………………… 60

我是中国教师 ………………………………………………… 63

不同的肤色，相同的根 ……………………………………… 69

我的爷爷谢唯进 ……………………………………………… 73

牧狗人之歌 …………………………………………………… 77

"叙利亚夜莺"之子
　　——汉语歌王吴迪 ……………………………………… 81

古巴高端人士沙龙 …………………………………………… 85

阿丽西娅·阿隆索的中国情结 ……………………………… 88

儿童美育教育的楷模
　　——记哈瓦那北达斗区贝贝舞团 ……………………… 94

老师最大的幸福
　　——写在2010年教师节 ………………………………… 97

西班牙学生莫帝和他的戏剧教学法的胜利 ………………… 101

尼罗河畔的约会 ……………………………………………… 106

立志学习汉语的柬埔寨小和尚 ……………………………… 110

珍贵的赠书和中文教学的传承 ……………………………… 112

秋天的故事
　　——纪念北语《霜叶》创刊二十周年 ………………… 117

后　记 ………………………………………………………… 120

万里长城的召唤

1982年一个明朗的早晨，我在北京长安街坐上了"大一路"公共汽车。刚上去，还没站稳，突然听到一声呼唤："李老师！李艾老师！"我惊讶地回过头，看到了我8年前教过的非洲留学生姆旺卡。他有着高大的身材、黝黑的皮肤、宽大的鼻子，厚嘴唇下露出一排洁白的牙齿。他从车后方过来，紧紧地握住我的手，用标准的普通话和我畅聊。他字正腔圆的发音、自然流畅的话语吸引了周围乘客的目光。如果不看他的脸，都会以为他就是一个地地道道的中国人。周围的人们投来赞赏的目光，我作为他的汉语启蒙老师，感到无比自豪。

他告诉我，他离开北京语言学院之后，去了广州的中山医学院，已经是四年级的学生了。他主攻外科，而且对中国的针灸和穴位很感兴趣，特别是针刺麻醉技术。他说他一定要借来北京实习的机会掌握针刺麻醉技术，回国后服务布隆迪人民。我们还聊到其他同学，阿依萨杜（几内亚）、索罗姆（马里）、贡古西亚（喀麦隆）、唐古埃亚（贝宁）、嘎塔梅拉[刚果（金）]、布隆西娅（赞比亚）、孔多阿娜（坦桑尼亚）……我们在天安门广场下了车，他要陪我走走，然后再去他实习的北京同仁医院。

我们漫步在广场上，我问他："你为什么要在同仁医院实习？那可是以眼科著称的医院啊。"他说："因为我的女朋友是学习眼科的，我要陪她，而且同仁医院的外科是很棒的，针刺麻醉技术也值得我学习。"我问："你的女朋友是哪国人？"他说："她是肯尼亚人，我们是在广州认识的。"他还告诉我，在他刚刚离开北语的时候，还和大多数同班同学有联系，后来只跟阿依萨杜、索罗姆有书信来往，这两名同学回国后都去自己国家的外交部工作了。

李艾和学生们在长城

回忆起在北语的那段时光,他想到了我和教研室的张树昌老师、李德义老师、崔福英老师带他们全班同学去八达岭长城旅游的事情。他告诉我,那是他第一次到长城。所有同学没有来中国之前,做梦都是来北京爬长城、逛颐和园、参观故宫、游天坛公园。那一天,他们的梦想都实现了。

长城盘旋在绵延起伏的崇山峻岭之间,东起山海关,西至嘉峪关。司马台长城、古北口长城、慕田峪长城、八达岭长城、居庸关长城都在北京城的北郊。居庸关号称"天下第一雄关",附近还有"杨家将"故事中的宋朝女将穆桂英"大破天门阵"的点将台。记得我当年带学生们爬长城,在北四楼烽火台上休息时,大家眺望着垛口外的风景,苍鹰在晴空盘旋,层峦叠翠,草木郁郁葱葱。学生们喝水休息的时候,我给他们讲了佘太君、柴郡主、穆桂英的故事。我告诉他们,"穆桂英挂帅"的故事在中国民间流传甚广,他们听得津津有味。

我和姆旺卡一路走,一路聊。我问他还记不记得中国古代文学作品中虚构的女英雄穆桂英是怎么找男朋友的。姆旺卡高兴地说:"当然记得,男孩儿武艺不怎么样,打不过穆桂英,让女孩儿给抓回了山上的家里,强迫他进了一个'山洞'。"我说:"那叫'洞房'。"说完我们哈哈大笑,朝着东交民巷走去。

他兴奋地回忆道:"老师,我还记得您带我们去护国寺的人民剧场看京剧《杨门女将》呢！咱们是骑自行车去的，后来我们常坐公共汽车自己买票去看。我特别喜欢看中国古代的武打戏，刀、枪、剑、戟、铜锤……演员们打来打去，怎么看都觉得有趣。"我说："穆桂英是不是背后插着靠旗，头冠大气漂亮？"他连连点头说："是的，是的。"我又说："穆桂英穿着白色的战袍，她左手执着白缨枪，右手舞动着青蓝色的马鞭，和马前卒一起做鹞子翻身等各种动作，表示他们是在崎岖的道路上行进。马鞭的颜色代表她骑的是青鬃马。扬鞭后甩代表着快马加鞭。或许，你还记得穆桂英挂帅时威风凛凛的亮相吗？"他说："当然记得，演员谢幕后，老师您还带我们到后台和演员们见面了呢！我至今还保留着我和'穆桂英'的合影。现在我们住在南边，还常去前门饭店的梨园剧场看京剧呢！"

　　说着说着，我们就到达了东交民巷 30 号，那是我要去的目的地，姆旺卡和我在那里分别。我祝他学成回国，报效祖国，然后目送他过了马路。他恋恋不舍地频频招手倒退着东去，我的双眼含着泪花，内心漾起幸福的浪花。这就是教书育人的最大的回报，这就是放飞希望的快乐！

汉语节目表演助推汉语教学

罗斯，一个皮肤白皙、留着卷曲金发的小伙子，高高的个子，高鼻梁。德米特里，褐色的头发，尖尖的鼻子，高挑的个子。他俩都来自俄罗斯圣彼得堡大学汉学系，是有一定汉语基础的进修生。他们都说着一口还算流利的汉语，只是少量词语发音不够标准。学期中间，系里让大家准备汉语节目表演，别的班有准备小合唱的，有准备诗歌朗诵的，还有准备小品表演的。我们班是他俩参加，准备说相声。

相声是中国老百姓喜闻乐见的一种通俗的曲艺形式。他俩想尝试一下。作为任课教师的我，决定支持他们的选择。于是，我带着他们开始了一周两次的排练。先是基本功的训练——练练嘴皮子，说顺口溜、说成语、说绕口令……课堂上学过的要练，没学过的也要找来练。慢慢地，他们说得上口了，流畅了。然后，我们就选了一段难度稍大的相声，他们的汉语当时是二年级水平，那段相声大概是四年级学生才可能上口的，真是难为他们了。我暗下决心，让他俩试试看吧，既然已经开始，那就坚持下去吧。他俩积极性很高，反复背诵，两个人一个捧哏，一个逗哏，很快就练得不错了。只是那逗乐调侃的劲儿，怎么练都练不出来。还好，演出那天，他们没有忘词，也没有出现明显的错误。二年级的学生能说成这个样子，已经很好了，我很满意。金发碧眼的洋学生，穿上藏蓝和棕色的长衫，有模有样地演了一把。演出获得了掌声，大家都很高兴。

罗斯后来成为了圣彼得堡大学的教授。他工作非常努力，毕业多年后，他再次来到北京，在北京大学读博士。我们师生又见面了，在未名湖西南侧的塞万提斯塑像前留影。毕业后的方方面面，出色的工作、快乐的生活，他都娓娓道来，我们笑声不断。我向他赠送了我的《新思维汉语》，希望我的教学法能在他那里延续。他

李艾（中）和罗斯（左）、德米特里（右）在北语

高兴地告诉我他正在使用的好多教法就是向我学的，比如表演小品、趣味对话、成语接龙等。

德米特里在另一个城市的语言学校教汉语。他生长在一个普通生活水平的家庭，和他的父母居住在同一个城市，喜欢音乐。在排练相声的过程中，他是那个捧哏的角色。最初，他总是一副严肃面孔，缺少轻松滑稽的味道，我告诉他："段子你已经背得很熟了，不必担心，放开了配合罗斯搞笑就可以了。"他慢慢适应，让自己轻松活泼了起来。

班里的日本女孩儿远藤英湖也喜欢音乐，在日本时，她每天都在家里弹钢琴，来中国后，无琴可弹，就约了德米特里到我家弹琴。但毕竟路途遥远，很不方便。于是，远藤决定学一样中国乐器，她选择了二胡。二胡课就在北语附近上，我经常看到她背着二胡上下课、在校园中穿行的身影。她是个学习汉语非常刻苦的孩子。她的阅读、听力、口语、写作，门门成绩优秀，拉二胡也开始入门了，而且越拉越好。终于，她在学期末举行的汉语节目表演中拉上了一段《雨碎江南》。她还有一个爱好就是捏小泥人，她毕业时，送给了我一个小小的日本泥娃娃，至今还摆在我的书柜里。

　　班上还有一个来自平壤的朝鲜女孩儿和几个分别来自大邱、釜山、全州和济州岛的韩国女孩儿。来自济州岛的女孩儿常常以汉拿山的巍峨自豪，来中国之后，我们组织过带学生爬泰山的活动，从那之后，她便明白了什么叫"一览众山小"。我们还组织她们用汉语练习小合唱，选的曲目是《桔梗谣》《我爱北京天安门》《卖花姑娘》。曲调都是她们熟悉的，不难。难的是汉语发音，我一遍又一遍、一个字一个字地纠正她们的发音。功夫不负有心人，最后每一个人都唱得好极了。演出前的彩排，姑娘们穿上彩裙，化好妆，真是个个像花朵一般。

　　我们班出了三个节目，全都通过审查选上了。正式演出那天，大家一早就穿戴打扮好，我指导协助他们化妆，安排演出事项。汉语节目表演作为汉语教学的辅助手段，让学生在快乐中提高了他们的汉语表达能力。

李艾（右）看望在北大读博士的罗斯（左）

"小联合国班"的教学经历和感悟

北京语言大学是个国际氛围极强的高等院校，她的根深植于中国文化的沃土。上下五千年的中国文化以极大的魅力吸引着全世界的青年学子来到北语学习汉语。60余年来，北京语言大学为世界上189个国家和地区培养了一大批懂汉语、熟悉中华文化的国际汉语人才。我作为这个战线的一名战士，一直战斗在教学第一线，感到无比骄傲。

40余年的海内外教学生涯中，我教过来自世界各地60多个国家的学生，其中最多的是母语为法语和西班牙语的学生。学生中有充满活力的大学生，也有不同年龄段的在职人员，其中不乏企业家、政府公务员、银行职员、大学教授等，最年长的有72岁。和他们一起学习，一起生活，让我觉得自己的生活充实而有意义。

而立之年，我开始教母语是法语的学生，一开始是非洲留学生，他们来自刚果（金）、刚果（布）、布隆迪、几内亚、喀麦隆、贝宁、马里等国，后来有瑞士、比利时、法国、卢森堡、奥地利等国的留学生。我陆续教过多个"小联合国班"。

20世纪80年代，我的班上有西班牙、墨西哥、哥伦比亚、日本、韩国、泰国、越南、古巴和智利等国家的学生。说西班牙语的学生，使用英语注释的教材，学习起来相当困难，每次预习时间都不够，他们不得不花费双倍的精力来学习汉语，查完汉英词典，再查英西词典，费时又费力。上课时，他们靠英语和同班同学"交头接耳"，只能把老师讲的内容了解个大概，有些内容还需要英语好的西语国家的同学翻译成西班牙语告诉他们。韩国和日本的同学识别汉字的能力较强，老师板书的汉字对他们而言也比较容易理解，但对其他同学来说，那些汉字无异于"天书"。预习不到位的西班牙同学常常一脸茫然，我费好大的劲儿才能推进一段课程，非常影响教学进度。一些人在困难面前退缩了，个别人放弃了。那时我就盼着能有一套专门供母语是西班牙语的学习者使用的汉语教科书。

　　1994年，系里分配给我一个以东欧学生为主的班级。班上大部分是波兰、匈牙利、奥地利、捷克、罗马尼亚、保加利亚、南斯拉夫等国家的学生，只有个别的亚洲、北非的学生。东欧的姑娘个个漂亮，金发碧眼，皮肤白皙，个子都不矮。这些姑娘上课时不大爱说话，课下作业完成得倒还可以。有个叫肖娜的南斯拉夫女生比较用功，成绩也比较好，爱发言，所以口语会话比较流利。男孩子多数高大英俊，有卷曲的头发、高高的鼻梁。上课时学生们都瞪着大大的眼睛，认真听讲，互动时让人心情舒畅。调皮捣蛋、迟到旷课的学生也有，但只是极个别的。所以教学进度平稳，课堂气氛活泼融洽。

　　其中有个叫桑佐兰的孩子，聪明、勤奋、爱举手回答问题，有时造句还诙谐有趣，引得同学们哈哈大笑，使课堂气氛极其轻松愉快。我只是他的听力课、口语课老师，其他科目如精读、报刊阅读、写作、文选课的老师也都对桑佐兰印象深

李艾（一排右二）和学生们

刻，他是个爱学习、会学习的好学生。记得有一次他父母请我去他家，我这才知道他是外交官的孩子，住在三里屯的外交公寓。他爸爸是使馆的商务参赞，负责南斯拉夫同中国的贸易。见面后，他先是向我表示感谢，说孩子回家常常谈到我的课，喜欢我的教法，之后我们还谈到了两国之间的友谊。我说这是我应尽的责任，不必感谢。

桑佐兰汉语底子好，交际能力强，口语和文字水平都不错，我记得他的汉语水平考试成绩优异。如今，他"子继父业"，也成长为一名出色的外交官。他从随员做起，一秘、二秘、三秘、参赞，一直做到公使衔参赞，后来成为了塞尔维亚驻中国大使。

北京语言大学汉语学院前身是北京语言学院一系、二系，二系于1978年正式招收来华留学本科生。2008年正是三十周年纪念日，在纪念活动上，我见到了桑佐兰，他已经长大了，成熟了。他告诉我，他已经是塞尔维亚驻中国大使馆的大使了。好久不见，喜相逢，我们激动地拥抱，互诉分别后的方方面面，都激动得热泪盈眶。我作为教师的自豪感油然而生。那天我还见到了突尼斯学生马盖斯，他当时是突尼斯驻华使馆的政务参赞。三十周年纪念日的时候，他和我，以及北大的李晓琪教授还有一张珍贵的合影呢！背景是北语教学主楼。没想到孩子们成长得这么快！

记得班上有个亚洲姑娘叫张佳琪，我是她毕业论文的指导教师。她选择的毕业论文题目是《郑和七下西洋的历史意义和功绩》，在整个论文构思和写作的过程中，她都积极主动，能够按老师开出的书目，到图书馆查找参考书，借回来认真阅读，摘录相关的段落章节，做读书笔记。在梳理这些必备的资料、提出自己的论点、阐述论据和得出结论的过程中，她经常到我的家里来。我认真地为她解答，引导她逐步完成论文。闲聊中我得知她的父母亲是早年移居泰国的华侨，自家开有一家星级酒店，是一座12层的大楼。每到旅游旺季，他们会接待来自世界各地的游客，特别是来自中国的观光客。她学成回泰国后，要帮助妈妈打理这家酒店，迎接更多的宾客。

有一次，我选了四个个头差不多的姑娘排练了一个女生小合唱，选的曲目有《茉莉花》《康定情歌》《小城故事》，大家练得很起劲儿。用汉语演唱，吐字一定要清楚，所以我就一个一个地给她们纠正发音。这个班上有一个阿拉伯女生，她也想参加小合唱，开始没有选她，是因为她个子矮了点。后来，我同意加上她，并送了她一双半高跟的皮鞋。这个组合还不错，演出获得了成功。

"小联合国班"的教学组合，有多元的元素，学生们的互动——用英语提示、交流，能够让听课时懵懵懂懂的学生尽可能迅速地跟上老师的教学进度，不乏是个好方法。但我也曾梦想着，能教一个同语种的班级。

1983年，我随爱人到古巴哈瓦那，有机会免费进入哈瓦那何塞·马蒂国立语言学院进修西班牙语。我通过考试拿到了文凭，口语交流更加流畅了。

1996年，我再次随任到西班牙马德里，其间，我结识了西班牙汉学家毕隐崖先生。在岑楚兰、董燕生老师的建议和鼓励下，我开始和他合作编写《新思维汉语》。

2002年，中国政府援建了哈瓦那大学一间多媒体教室。我受中国教育部派遣，

李艾使用多媒体教室进行汉语教学

李艾在多媒体教室主控台上操作

桑佐兰（右二）正在认真听讲座

成为该大学首任汉语教师。我费了九牛二虎之力才学会使用这套设备。我想，正好还可以借此把《新思维汉语》加以试用、完善和修订，这可是千载难遇的绝好机会。

我把在西班牙汉语学校教课时用的备课教案进行整理、压缩，做成图文并茂的课件，在主控台上输入后，学生在各自的电脑屏幕上就能阅读。如此直观的教法，效果非常好。这下，我实现了全班都是母语为西班牙语的学生的编班设想。但这样的班级设置也会出现问题，同一个班级会有三四个不同水平的学生，这就要求教材要有延展性，要让每个学生课上都能学到适合自己水平的内容。所以我在《新思维汉语》中采用了演绎法，也就是先综合后分解的教学方法。

在汉字教学中，我推出认字与语音同步，先扫掉汉字"拦路虎"的方法。由于突出了部件教学的功能，采取集中识字、对比识字的手段，所以98%的学生在第一学期就能掌握拆分汉字的方法，并能按汉字的偏旁部首分类写出1568个汉字。

汉字教学伊始，我就把汉字的基本结构、组合方式全部教给学生，让外国学生从一开始就对汉字有一个全面的了解。之后教他们偏旁部首，让他们学会自己拆分和组合汉字，为学生自主学习汉字打下坚实的基础，日后教会话时，生词就不成问题了。

李艾（右二）、医学博士玛丽亚（右一）、古巴国家艺术博物馆的研究员米尔塔女士（左二）

除此之外，我认为应该先教会学生说话，使学生能够进行日常交流，然后才是用词贴切，做到精益求精。

我认为，应该让学生在学习中树立起信心，学会化整为零、化繁为简，这一点非常重要。我鼓励学生说："汉语没有冠词，且汉语中的名词不分阴阳性，动词没有形态的变化，你只要掌握了3000多个基本汉字，就可以读懂报纸。"为实现这一目标，孩子们学习得更加努力了。

我告诉青年教师："汉语的句型是有限的，重视'句型教学'就如同给了学生一只通往胜利彼岸的小船。只要掌握了基础句型，他们就能举一反三地自主生成更多的句子，然后自然而然地就成段、成篇、成章了。"

我提醒我的西班牙语学生："老师在绝大多数课文后专门设立了'中西对比'的栏目，将汉语和西班牙语，以及中国文化和西语国家的文化进行了比较。你们预习的时候一定要认真看这一部分。"

教学实践告诉我，通过讲解中国与西班牙语国家的语言与文化差异，重点帮助学生解决学习疑点、难点，这种改简单的对照为深层次的对比的方法使教学更有针对性。学生通过这种由易到难、由浅到深的语法学习，可以较好地掌握汉语语法。这同时有助于学生掌握中国文化知识，达到较高的汉语水平。

我们集体备课的时候，大家都深刻地体会到，教师其实像导演，课堂上的真正主人应该是学生。教师的作用是教会学生思维的方式和自学的方法。所有的教师都有同感，认为外国学生崇尚独立、热爱创新，灌输式教学在他们身上是行不通的。教师要千方百计调动学生的积极性，做到师生互动，课堂气氛才能活跃起来。教学实践充分证明此种教学方法有效。

学生安赫尔，23岁，是"零起点"的学生，他使用汉字书法软件，三个月就字迹工整地写出了包含50多个偏旁部首的汉字800多个，一年后写出了900多字的作文，而且内容生动有趣。

教会学生自主学习汉语的方法是教师的首要任务。学生凯萨使用电脑自主学习，整理出数千字的课堂笔记。

年过半百的学生——医学博士玛丽亚，从"零"开始，仅仅两年时间，刚学完《新思维汉语》第二册，便能独立查阅汉西、西汉字典，并写出1534字的作文。作文中，她生动地写出了她的求学经历，详细介绍了古巴国家心血管淋巴管外科研究院，并叙述了她取得博士学位的全过程和她复杂的心路历程。玛丽亚的例子说明了自身教育水平高的学习者有相当高的自学能力，教师"领进门"，教给他方法就可以了。这样，我们能够取得事半功倍的效果。

经过听、说、读、写、译全方位的训练后，学生用汉语交流对话就易如反掌了。哈瓦那大学本科三年级的部分学生曾在上海、北京、广州、苏州、大连等地的高校进修学习，并在中国参加"汉语桥"比赛，多名学生获得了好成绩，吴迪在上海赛区获得第一名，戴娜在北京赛区获得第二名，李丽在苏州赛区获得第三名……他们都能用汉语流利地发表演讲。才艺方面，吴迪能唱中国歌，戴娜能写一手漂亮的中国字，李丽则能进行武术表演，他们的展示都很到位。

《新思维汉语》第一册、第二册曾在哈瓦那大学成人班和本科生班试用，第三册则是在古巴外交部直属的劳尔·罗阿·加西亚高等国际关系学院完成编写并试用的。这批外交官学员现在有好几位都在古巴驻华使馆工作，他们基本上都是北大、北语、经贸大学20世纪80年代的毕业生。无论是随员、领事，还是一秘、参赞，基本上都是我们教过的懂汉语的人才。在促进两国贸易往来、文化交流的战线上，他们个个十分活跃。曾任古巴外交部亚洲司司长的白诗德先生在中国做了多年大使，是佼佼者。

不同的国度，千差万别的文化，天壤之别的生存条件、教学条件以及各种复杂的人文环境和自然环境，都考验着教师的学识、智慧、意志和信念。我们像北海牧羊的苏武那样，忠于职守；我们乘风破浪，克服各种艰难险阻；我们用超强的毅力坚守，像鸿雁那样传播着祖国的汉语言文化。我们有着共同的理想：向世界说明中国，让世界人民更好地了解中国，希望我们的祖国更加繁荣富强。

乌拉圭北方春天的节日

春节是中国人民的传统节日，时间在农历正月初一。每到此时，全国各地张灯结彩，大街小巷花团锦簇，装扮各式各样，独具匠心。家家户户喜气洋洋，贴春联、守岁、拜年、吃年夜饭。年味儿十足。

乌拉圭，对大多数中国人而言，是一个遥远而陌生的国家。他们也有一年一度的盛大节日，庆典活动一般是在每年10月的第二个星期天举行。此时正是中国秋高气爽的日子，是北京人成群结队地去香山观赏漫山红叶的日子。

应朋友之约，我们从蒙得维的亚出发，驱车182千米，去参加乌拉圭北部一个小城市的节日活动。

这个只有7000人的小城沐浴在明媚的春光里。家家户户的门窗前，都有绿树掩映着火红火红的玫瑰花墙，蓝天白云之下，高耸的银杏树也更显碧绿。整齐漂亮的小镇一大早便热闹非凡。准备过节的孩子们欢呼雀跃，试穿着爸爸妈妈为他们精心准备的衣服，准备参加下午的游行。

姑娘们则穿上艳丽的裙子，梳洗打扮好，准备参加"选美"活动。评委陆续入座后，姑娘们依次迈着轻盈的步子走上舞台，接受观众和评委的点评。她们的头饰和耳环在阳光下闪耀，衣裙飘逸，端庄大方。她们不仅要一一回答各种问题，还要按照要求摆出得体的亮相动作，之后评委逐个打分。经过激烈的角逐，其中一个姑娘戴上了"桂冠"，这是小镇选出的"女皇"，她将会在晚会上亮相。

下午4点，盛大的彩车游行开始了。为首的一辆是巨大的靴子式样的彩车，随着车子的前进，两只大脚一步一步地交替前行。这象征着春天的到来，人们开始脚踏实地工作了。

高乔青年

　　第二辆彩车是一个骁勇的高乔人骑着骏马的式样，这匹马前蹄腾空，骑手则双腿紧紧夹在马肚子旁。彩车的四个角落有着造型各异的四个人物：左前方是一个脚蹬马靴的小男孩儿，是骑手的儿子，他身着典型的高乔人服饰，画着小胡子，戴着褐色礼帽，穿着宽松的上衣，腰间扎着宽皮带，古老的钱币装饰着皮带；左后方是骑手的妻子，她穿着紫红色的套裙，手里拿着纺毛线的器具，正在做捻毛线的动作；右后方是一个硕大的马黛茶壶模型；右前方则是一把大吉他，高乔人喜爱音乐，总是唱着激昂高亢的歌曲在草原上驰骋。

　　第三辆彩车是一个象征着科学的巨大模型。电子、原子、质子沿着各自的轨道在不停地运转着。彩车四周，一群戴着黑色博士帽、穿着博士袍的小姑娘载歌载舞；还有一群穿着西服、打着领带，看起来文质彬彬的男孩子，手捧书本加入了舞蹈队列。若问他们这个彩车象征着什么，他们必然会异口同声地回答说："科学的春天。"

第四辆彩车有一颗硕大的红星，一个醒目的大字——"爱"写在车前的横幅上，这个"爱"字同时标明了汉字和西班牙文。一群戴着各式假面具的孩子在彩车周围，演着一出又一出的"活报剧"：有正义和善良战胜了邪恶的短剧；有妖魔鬼怪躲在角落里瑟瑟发抖的"群丑图"；还有善良的人们在就要到来的、充满爱的春天里，勤恳劳作、争取丰收的景象。

彩车一辆辆缓缓前行，孩子们欢呼雀跃着。彩车上的艺术造型，也随着音乐不断变化。

此时，小镇上的记者拉乌尔跑过来，热情洋溢地邀请我们去观看他们小镇上的表演。那是一个60余人的体育方阵，在草坪上排列得整整齐齐。他们个个金发碧眼，穿着专业的白色柔道服，大多是长满络腮胡子的西班牙人、意大利人和法国人的后裔。他们腰间系着一根带子，赤着脚，紧握双拳，双目炯炯有神地注视着前方，伴随着有力的叫喊声，一招一式地表演着。方阵中年纪最小的选手只有4岁，年纪最大的26岁。"空手道"三个醒目的汉字在选手们的胸前、背后跳跃着。方阵中时不时发出口号声，与动作相配合。这些口号基本上是日语。我心想：看来西方人接受东方文化并不困难，天性好动不好静、性格爽朗的拉美人似乎很容易接受东方文化。表演结束后，孩子们冲着我们大声呼喊："功夫！中国！气功！木兰！"原来，我们的黑头发、黄皮肤勾起了他们的联想。

记者朋友介绍说：之前，以袁锡奎为首的中国东方硬气功团曾为这个小镇的节日增光添彩。袁氏父子表演"银枪刺喉"时，全场鸦雀无声。人们对这古老而遥远的东方硬气功，感到万分新奇。他们睁大了眼睛，非常揪心地看着他们父子俩你进我退地绕场转了半周。银枪在父子二人的喉结处，他们用力顶着，长长的枪把被挤弯了，父子俩却完好无伤。当他们拿下银枪，立在身旁，鞠躬谢幕时，瞠目结舌的观众方才猛醒过来，开始热烈鼓掌。

之后是袁团长的女儿表演轻功踩鸡蛋和踩纸。身轻如燕的袁如霞轻松地从摆在桌子上的四个鸡蛋上走过去，鸡蛋完好无损，她把鸡蛋逐个拿起来，一个个打进透明的玻璃杯里。人们看着杯中的新鲜蛋液，随即报以热烈的掌声！当她表演从离地面半米、悬挂着的白纸带上走过去时，人们更是感到不可思议。一个大胆的10岁乌拉圭女孩儿，自告奋勇地要求试一试，她的体重还不及袁如霞体重的一半，但当她踩上宽 30 厘米的纸面时，纸马上就破了，她也随即掉了下来。前后对比之下，观众席上的掌声此起彼伏。

于是，古老神秘的中国功夫在这偏远的乌拉圭小镇上掀起了一股热浪。成群的孩子围着气功师久久不愿离去，用稚嫩的小手拍拍他们的胸脯，摸摸他们的喉结，捏捏他们的胳膊，问这问那。然后，这些孩子发现除了黄皮肤和黑眼睛以外，气功团的人与乌拉圭人没有什么不同，所以孩子们个个摩拳擦掌，缠着演员教他们功夫。于是，学汉语的声浪一浪高过一浪，他们不仅学了"你好""我喜欢中国功夫""我要学习气功""再来一个""谢谢""再见"，还学了"起势、十字手、抱拳、踢腿、马步、单鞭"这样的专业术语。

所以，在我们这些黄皮肤的中国人到来时，孩子们才会围着我们，争先恐后地告诉我们那激动人心的场面。

当夜幕降临时，挂满彩灯的彩车在夜色中闪亮登场，列队沿着主要街道缓缓前行。"女皇"的车在最前方引领着，领导们则徒步走在队伍中，不时地跟路边的人们握手、打招呼。此时，热心的同行介绍我们和他们的领导见面，并且一起吃了晚饭。席间气氛友好，他们用小镇最美味的烤乳猪、乌拉圭烤牛肉，以及镇上自酿的上好葡萄酒款待我们。其中一位领导发表了热情洋溢的讲话："你们中国有句古话，'有朋自远方来，不亦乐乎'，我们非常荣幸能够与各位相聚，这是我们第一次接待新华社的朋友。中国人民和乌拉圭人民永远是朋友，欢迎你们常来！"晚宴在十分热闹的气氛中进行着，席间还有吉他弹唱。我们互相道别打算明天返回蒙得维的亚，朋友安排我们住进了当地最好的旅馆。

把汉字写在潘帕斯草原上

8月的中国正值酷暑,夜晚时分,人们常带着孩子、拿着大芭蕉扇在外面纳凉。爷爷奶奶指着天上星光灿烂的银河,教小孙孙数星星,看牵牛星、织女星,讲述牛郎织女的凄美爱情故事。而我和丈夫已经来到了南半球的"银河"边。

1990年8月的一天,我们从乌拉圭首都蒙得维的亚驱车来到拉普拉塔河畔,到达了潘帕斯草原上的一座广阔牧场——乌拉圭是个以牧业为主的国家,全国有众多牧场。此时正值南美洲的冬季,这里的平均气温在10摄氏度左右。"拉普拉塔河"在西班牙语中的意思是"银河",这条"银河"滋润着牧场的草地,养育着遍地的牛羊。

走出汽车,我深深地呼吸着带着草香味儿的空气,仰望着蓝天白云,不觉感叹:"啊!如此清新的空气!如此壮美的潘帕斯草原。"只见牧场的尽头有两个"小黑点"逐渐向我们靠近,原来是牧场主人安东尼奥带着他的小女儿梅丽娜前来迎接我们。片刻后,二人飞身下马,安东尼奥高大魁梧,头戴高乔人特有的黑色大檐帽,身穿一件白衬衫和一条宽大的咖啡色裤子,裤腿直垂到脚面,腰间的皮带非常引人注目,贴满了闪闪发光的古金币,脚上则蹬一双黑皮靴,靴跟上的马刺格外别致。他牵着一匹高头大马,马背上佩着漂亮的马鞍,身后跟着一个穿着红色上衣、黑裤子的小姑娘,小姑娘看起来只有十几岁。她头戴一顶黑色呢帽,手里攥着另一匹马的缰绳,一脸灿烂的笑容。我们握手、拥抱,相互问候,然后转身向远处炊烟袅袅的房子望去,那是一座砖砌的房子,两面坡屋顶,院子没有栅栏,只有树木。"瞧!那就是我的家!"梅丽娜高声说道。茫茫大草原上人烟稀少,他们没有邻居。

我们去草原拜访这户高乔人家的时候,中国和乌拉圭刚建立外交关系不久,许

李艾（左一）和梅丽娜（右一）

多乌拉圭人看中国还有几分陌生、几分神秘，乌拉圭的知识界人士则把中国说成是地球上最遥远的地方。当时也正值时任中华人民共和国主席的杨尚昆到访前夕，人们了解中国的兴趣也更加浓厚。

牧场上，牛羊正在悠闲地吃着草。我和丈夫虽然骑过马，但骑术一般。他们父女分别让我俩骑上他们的马，上马以后，我爱人情不自禁地唱起《马儿啊，你慢些走》这首中文歌，好不惬意。谁料，那马由开始的慢踏步变成小跑，即将狂奔起来。就在我爱人要被它颠下来的一瞬间，小姑娘的父亲一个箭步，拉住了马的缰绳。不知是我的马比那匹高头大马更温顺，还是我父亲把擅长骑马的基因遗传给了我——他年轻时就常常骑马，82岁时还在北戴河骑马呢。我稳稳地骑在马上兜着圈子。那个调皮的小姑娘见到这场面一点儿也不惊慌，还在一旁拍手大笑。说时迟，那时快，她立刻翻身上马，和我一起直奔前方。她那高大的父亲也飞身上马，在我爱人身后挥动长鞭，马刺一蹬，马儿就旋风般地跑了起来。风在耳边呼啸，马儿在狂奔，这是我平生第一次在南美的大草原上过足了骑马的瘾！之后，我爱人开车带着活泼的梅丽娜，她好奇地问这问那。我则和矫健的安东尼奥骑马并行，寒暄几句后就朝着他们家奔去。

在马棚拴好马匹，进入他们家的院落，我发现这是一个典型的高乔人之家。忽然有一股香味儿扑鼻而来，只见院子里斜支着个巨大的铁箅子，切分成块的牛羊肉摊开在箅子上，被"噼噼啪啪"燃着的木柴烤得吱吱作响。有一块带皮烤着的牛肉吸引了我的眼球。小姑娘的母亲按照当地习惯制作着这道美食，烤制过程中不时往肉上撒盐，让咸味慢慢渗透进肉里，炭火慢慢烘烤需要一两个小时。如此烤出的肉，香嫩、松软，食之不腻。

烤肉，我们其实并不陌生。在乌拉圭，无论是官方接待还是民间聚会，无论是大酒店还是小饭馆，没有烤肉就不成席。之前，我们也品尝过高乔人所特有的"烤全牛"，那是乌拉圭总统府款待我们的。但是到牧场亲眼看普通人家炙烤牛羊肉的全过程，还是人生第一次！

室内的餐桌旁，梅丽娜的姐姐达妮娅正在忙碌着，她铺上桌布，摆上盘子和刀叉，把每个人的餐巾布折叠成一朵朵花。我帮忙把做好的沙拉端上桌。女主人则摆上了一坛自酿的甘蔗烧酒，以及各种红红绿绿的调料。

我带着孩子们去外面，从汽车后备厢中取出一箱啤酒、一小篮西红柿、一大包粉丝、六个松花蛋、一瓶酱油、一瓶法国波尔多葡萄酒、一瓶西班牙圣洛伦酒庄的葡萄酒，还有一瓶白瓷瓶包装的中国茅台酒。两个姑娘小燕儿似的跑来跑去，帮我把那些东西搬到厨房。我告诉她们我要做的几个中国菜的菜名：火山盖雪、蚂蚁上树、炒鸡蛋、姜丝松花蛋、蓑衣黄瓜、鸡蛋羹……两个小姑娘面面相觑，只听懂了"炒鸡蛋"。

"坏了，坏了！等等，等等！我忘记带筷子了！"我着急地说。达妮娅附和着说："筷子！筷子！筷子……是什么？""跟我来！"说话间，我已经带着两个小姑娘跑到屋外的树丛中寻找树枝了，两个小姑娘不停地问这问那。我教她们说"你好""见到你，我真高兴""谢谢""再见""对不起""请原谅"……第一次听到中国话的小姑娘们说："好好听呀！怎么像唱歌一样？"我将一根树枝当作笔，在地上教她们写汉字"一、二、三、四、五……"，当我用西语解释给她们听的时候，她们惊喜地睁大了眼睛说："汉字这么简单啊！"我对她们说："在中国，楷书常用八个笔画，被称作是'永字八法'……汉字的笔画比西班牙语的字母数量少多了。"我告诉她们："汉字中有象形字，也有会意字。"我一边做动作，一边写"人、女、田、目、日"等几个字，然后让她们猜。她俩猜对了"一、二、三、人、女"五个字。之后，我又画了一只眼睛，然后让她们竖起来看，再把眼角部分变成直笔，以此告诉她们方块字的由来。姑娘们说："好有意思啊！汉字不像我们想象的那么难，以后我们一定要学习汉语。"梅丽娜说："等我长大后，要像爸爸那样当农场主。然后学点儿汉语，攒多些钱，好去北京。"这就是她关于中国的梦。

小姑娘站在草原上，指着东西南北四个方向问我："中国在哪个方向？和我们国家的距离真像别人说的那么远吗？"她还问我："我骑马能跑到你们的国家吗？"我告诉她们："我们从北京坐飞机飞了30多个小时才到巴西的圣保罗，从那里转飞机到蒙得维的亚，再开汽车才能到你们家。""上帝呀！那也太远了吧！不会是在天边吧！"

因为肉还差些火候，大人们在烤肉架旁聊天，我便和孩子们坐在林间的地上讲故事。我告诉孩子们："中国人使用筷子已经有3000多年的历史了，关于筷子的发明，还有很多传说呢！有一个是这样的，中国古代有个治水的英雄叫大禹。有一次，大禹乘船来到一个岛上，饥饿难忍。他就架起陶锅，把打猎得来的野兽给煮了。煮熟后，因为太烫，没法儿用手拿着吃。情急之下，他折下两根树枝把肉从热汤中夹出来分给大家，于是就有了最早的筷子。"

我还告诉孩子们："筷子的标准长度是七寸六分，有很多中国人认为这代表人的七情（喜、怒、哀、惧、爱、恶、欲）和六欲（生、死、耳、目、口、鼻所生的欲望），如此设计可以提醒用餐的人，人与动物有本质的不同。吃东西的时候，不要遇到好吃的就吃个没完，不然撑坏了怎么办？"

筷子以两根为一双，使用时不是两根同时运动，而是一根主动，另一根从动；一根在上，另一根在下。我告诉她们："拇指、食指、中指三指在上，无名指在下，就能用筷子吃饭了。"然后我们练习用"筷子"夹树叶、石子、小虫子……开始时有点儿难，不久林中就响起了成功的笑声。

中国的筷子一头圆、一头方，圆象征天，方象征地，对应天圆地方，展现出中国人对世界最原始的看法。至于"拿着筷子形成天、地、人'三位一体'"和"太极、阴阳、阴阳可变"等，孩子们听不懂，所以我干脆讲起了折筷子的故事。"从前有一个老头儿，他有5个儿子，老人生病了，很严重，怎么治也治不好。临死前，他把孩子们叫到床前，拿出一把筷子，一人发了一根，让他们把它折断。五个人很快就'咔吧咔吧'把筷子折断了。老人又递过去一把捆在一起的12根筷子，让五个人轮流折，但他们怎么折也折不断。然后老人慢慢地说：'我死后你们兄弟几个一定要团结，要互相帮助，一人有难，大家帮忙。那就谁都不敢欺负你们了。'说完他就去世了。"我告诉孩子们这个故事讲的是"团结就是力量"的道理，她们连连点头。

我们整理好相对比较直的树枝，做了几双"筷子"，然后赶紧回到厨房，我准备大显身手。

"李老师，你的'火山'呢？"我把开水烫过的西红柿去皮切成片，高高地摆在盘子里，端上桌，说："这不在这儿呢！你们想想什么东西像雪一样白？"达妮娅在调料里选了半天，拿来一碗面粉和一个盐罐子。我直摇头，拿起了我那袋白糖。达妮娅说："吃西红柿，我们从来都是放盐的。"我告诉她们："中国人也会放糖吃。"

梅丽娜捉来一小堆蚂蚁，放在小瓶子里兴冲冲地嚷道："李老师，李老师！你的大

李艾（右一）和安东尼奥一家

树在哪里？"我哈哈大笑，亲吻了她的面颊，让她去帮我泡粉丝，我则切起了肉末。

我让两个姑娘帮我剥松花蛋，剥出来后，她们傻眼了，撇着小嘴说："怎么是黑的？能吃吗？"我说："好吃极了！只是要放上姜丝、酱油。"在乌拉圭，姜很难买到，她们好奇地看着我从挎包里拿出一块形状奇特的姜——这是前一天我特意从华侨店里买来的，这里的姜都供不应求，经常断货。两个小姑娘家的醋是白醋，所以她们从未见过黑色的龙门米醋，也没见过酱油。

姐姐达妮娅抱来一小篮鸡蛋，是刚从鸡窝里拣出来的。我把8个鸡蛋磕出来，放在碗里用"筷子"打起来，她俩好奇地看我炝锅、翻炒。不一会儿，两大盘金黄蓬松的炒鸡蛋就出锅了。我用"筷子"夹着喂她俩品尝，两个姑娘赞不绝口："Qué rico! Qué rico!"（太好吃了！太好吃了！）然后我给她俩讲有关筷子的文化，她们出神地听着，同时用那"筷子"学着打鸡蛋。我手把手教她们，她们也学得很用心，但她们的手上和器皿内外还是沾满了鸡蛋液。鸡蛋勉强打好后，我教她们操作具有中国特色的炝锅技术，她们终于学会了炒鸡蛋。

高乔人是印第安人和西班牙人混血后裔的分支，生活在南美洲大查科平原南部、乌拉圭草原和潘帕斯草原。他们大部分以畜牧业为生，性格强悍、豁达、豪放，骑马、吃烤肉、喝马黛茶则是他们的特色生活。

切好的一块块烤肉被女主人摆放在盘中，姑娘们把自制的"筷子"摆放在刀叉旁边，中国菜也端了上来。孩子们教大人如何使用筷子，然后试着用"筷子"从盘子里夹油炸花生米，"咯咯"的笑声不断响起。大餐开始了！葡萄美酒就着香喷喷的烤肉，大家边吃边聊，话题是乌拉圭的足球和中国功夫。在乌拉圭，几乎到处都有足球场，球星的广告也比比皆是。男子几乎没有不会踢足球的，他们从小就赤脚练习踢球。一个不到400万人口的国家，竟然两次获得过世界杯冠军。

席间，小姑娘无意中用"筷子"敲打了盘子。我赶紧告诉她，中国文化里有关筷子的禁忌——不能用筷子敲打碗碟，不能将筷子含在嘴里，不能用筷子在菜盘里来回扒拉又不夹菜，不能到别人的盘子中去夹菜，不能将筷子竖着插入饭碗中……这些行为有的被视为不吉利，有的则被认为是操作者缺乏教养。

一顿中西结合的午餐完毕，我们开始饮用马黛茶。

马黛茶是高乔人招待客人的饮料。有人认为，马黛茶是世界上最有营养价值的茶饮之一。不少人相信，喝了这种茶，吃肉不增肥、喝酒不易醉、节食不乏力、提神不失眠、排毒不腹泻、清脂不失血……乌拉圭是世界人均食用牛肉量最多的国家之一，人们食用蔬菜的量很少，但是乌拉圭人的心脑血管发病率和肥胖人群比例极低，很少有人中风、患糖尿病等。据说，这些都与当地高乔人常喝马黛茶有关。马黛茶叶由一种冬青科常绿灌木的树叶制成，它们长于充满神秘和幻想的南美丛林。高乔人冲泡马黛茶有讲究，可以说是一门艺术、一种文化。

与中国人品茶不一样的是，高乔人的马黛茶是用来吸的。他们使用的吸管不是普通的塑料管，而是银吸管。这种吸管细细的，又带点弯曲，底部呈圆盘状，小小的，有七八个小眼儿，起过滤作用。马黛茶的茶具是一个褐色小壶，壶身完全是用皮革缝制的，有一个薄薄的半圆形银盖，盖住壶口，余下的半边，则插着银吸管。在当地，随处可见人们腋下夹着这种马黛茶壶，而且不分社会阶层。

朋友聚在一起时，喝马黛茶另有一套礼仪。众人一般只用一个茶杯，一个人倒茶，其他人则一个一个传递着喝。接茶杯时，不用说"谢谢"，只在最后一次喝完不想再多喝时才说"谢谢"。另外，喝马黛茶时，不是倒茶的人不能搅拌马黛茶叶。我们在小姑娘家一边喝着马黛茶，一边聊天。男人们在一起谈牛羊，还有肉类和畜产品的深度加工和出售；女人们则谈家长里短，谈孩子，谈服饰。女主人给我展示了她一针一线缝制的皮靴、皮手套、皮革手提箱、钱包、皮垫子，等等。姑娘们则捧上她们在妈妈的指导下编织的各式毛衣，还有用牛角加工制作而成的衣扣、小船、小鸟等。大家欢声笑语，其乐融融。

谈锋正健，不觉已到黄昏。太阳已经接近地平线了，我们恋恋不舍地准备离开。临走时，我热情地邀请他们全家到蒙得维的亚的新华社分社做客，再请他们去中餐馆吃地道的中餐，给他们展示中国的茶艺，让他们品尝举世闻名的中国茶。

中国戏曲学院里的泪水和笑声

1996年，中央电视台戏曲频道的朋友打电话跟我说，他们打算策划"第二届北京国际京剧票友电视大赛"，问我能不能找几个外国学生学唱中国京剧，场地在中国戏曲学院，教师由他们出，不必交学费。于是我找到当时文化学院和汉语学院好几个留学生，经过几番测试、挑选，最后选中了俄罗斯学生安东、越南学生阮福禄、苏丹学生兰迪。他们分别饰演《铡美案》里的包公、《挑滑车》里的高宠、《霸王别姬》里的虞姬。然后，艰苦的学习开始了。

我带着他们每周两次乘公交车去位于陶然亭公园附近的中国戏曲学院（旧址），赵景勃、陈清等老师教他们吊嗓子、学唱段、摆身段、跑台步，还教他们水袖功、扇子功，带着他们练习眼神、手势、髯口功、踢腿、劈叉等各个方面的内容。唱、念、做、打，一样也不少。我心想：这些对来中国学汉语、打小从未接触过京剧的外国孩子来说，难度是不是太大了？带着这种疑惑，我在几个教室间来回走动，看他们学戏。

阮福禄背插靠旗，脚蹬高靴，手握虎头錾金枪。他翻转数圈，虎跃大跳，接枪、舞枪、花枪、对打……一遍又一遍地练着，满头大汗，气喘吁吁。劈叉时，眼里竟含着泪花。

安东1.85米的大个子，穿着朝靴，挂着髯口，戴着比一般乌纱帽帽翅略长的宰相帽，跟着老师学走步、仪态、须功、表情，一招一式非常认真。还和老师学唱腔，真有那么一点儿味道。时而高亢，时而低沉，娓娓动听。

兰迪有时在练水袖，舒袖、舞袖、叠袖、收袖、大回环；有时在练扇子，开扇、合扇、舞扇。老师一句句教唱虞姬的唱段："劝君王饮酒听虞歌，解君忧闷舞婆

中国戏曲学院里的泪水和笑声 | 27

李艾（右二）和观摩演出的学生们

姿。嬴秦无道把江山破，英雄四路起干戈。自古常言不欺我，成败兴亡一刹那。宽心饮酒宝帐坐……"除了这些，她还跟着老师学舞剑。

我们在两个学校之间往返，坚持了三四个月。由于路途较远，在公交车上的时间很长，我给他们讲包公的《铡美案》，告诉他们有人说这是落榜秀才杜撰出来的陈世美和秦香莲的爱情故事；给他们讲抗金名将岳飞的故事，讲岳家军麾下第一猛将高宠的故事；还给他们讲西楚霸王项羽和虞姬生离死别的故事，以便他们更好地理解剧目中的人物，揣摩人物的心理状态，学好唱段。在换乘的路上，我分别和孩子们谈心。

俄罗斯留学生安东对我说，他对京剧的兴趣来自陈清老师："陈老师的父亲是戏曲艺术家，有很多剧照，有扮相英俊潇洒的武生，还有威严的皇帝。我看了之后特别喜欢，很想什么时候自己也能扮上，登台表演一番。"他买了一套京剧脸谱，课余饭后常常欣赏研究。他道："红脸是好人，白脸是奸臣，黑脸是包公。"

阮福禄对我说："老师你记不记得，你曾带我们骑自行车去护国寺那边的剧院看戏？学校外事处还组织我们去过长安大戏院、前门饭店里的梨园剧场和天桥剧场看过戏。我最爱看武戏，翻跟头、耍花枪、扬鞭骑马，好不威风。这次我扮演高宠，我一定好好学，好好练。"

我告诉孩子们不同颜色的马鞭代表不同的马，黄骠马、青鬃马、枣红马……舞台上，演员们通过一连串的表演，表现骑在马上或飞奔、或立住、或上马下马的样子，观众在台下能想象出角色策马扬鞭、骑马信步、狂奔、兜圈子，或是上马下马、拴缰绳等各种各样的身姿。我还告诉孩子们，含蓄写意的表现手法在戏剧中运用得很多。

兰迪告诉我，她最爱看旦角的戏，她说："这次老师让我演虞姬是我的幸运，那么多亮晶晶的珠子、耳环、项链，好漂亮。衣服也特别好看。"她担心自己唱不好，我鼓励她："功夫不负有心人！你的声音条件不错，只要努力就一定能成功！"于是她一遍遍练唱。化妆师给她化妆时，她对我说，她特别喜欢让化妆师给她梳头，包头、贴片、插簪子、贴花……她也喜欢青衣的端庄娴静，青衣角色梳头的技法让她着迷。

经过四个月的艰苦训练，孩子们都有了长足的进步。终于到了彩排的阶段，三个孩子都由戏曲学院的化妆师为他们扮上相，个个靓丽出彩。

反差最大的是安东，原本细皮嫩肉、皮肤雪白的他，戴上宰相帽和黑色的髯口，勾上脸谱，活脱脱一位宋代清官包拯。他穿上朝靴，将近两米高了。再穿上蟒袍，手端玉带，走上两步，一亮相那叫个帅呀！大家都为他鼓掌。这个蓝眼珠的包公，秉公执法为黎民，照样铁面无私。他不仅形似，更神似。

越南留学生阮福禄扮演岳家军麾下第一猛将高宠，他扮上相，威武无比，耍了几下虎头枪，旋转翻身亮相，英俊的武将要多像就有多像！他劈叉然后跳起，再劈叉再跳起，一连做了三次。真是功夫不负有心人啊，福禄成功了！

兰迪，形象靓丽地准备闪亮登场。她不张口根本看不出她是外国人，一亮嗓，声音脆亮。配上身段，那婀娜多姿的模样，赢得了阵阵掌声。

舞台监督派人引领着他们仨登台，演出获得了极大成功！中央电视台的导演、摄影师做了全方位的录像。

颁奖仪式后，孩子们捧回了电视大赛的银龙奖杯。打这以后，中国京剧爱好者的群体中多了几个"洋票友"，他们多次在北语乃至社会的舞台亮相，获得好评。阮福禄还扮演过现代京剧《沙家浜》里的刁德一，兰迪则扮演过这一京剧中沉着睿智的阿庆嫂。

作为北语对外汉语教师的我，促成了这次大赛的活动。这既丰富了我的课余生活，还传播了中国文化，让我收获了无比的快乐！

跟我学中文的卡门

1995年,我还在北京工作的时候,接到了一封在马德里工作的朋友的来信,她提到自己有一位朋友,叫卡门,是西班牙公务员,热切地要求到北京语言学院学习汉语。我帮卡门联系了北语招生办,报上名,还代缴了报名费,但最终因为她工作情况有变并未成行。

没想到我还有机会教她汉语。1996年我爱人派驻新华社西班牙马德里分社工作,我也随任到了西班牙首都。卡门邀请我去她的寓所,见面第一句话就是:"我喜欢中国文化,我要学习汉语。"她为1995年没能去成北京,给我增添了那么多的麻烦而道歉。她用汉语说:"实在对不起!"我问她:"为什么要学习汉语?是不是工作需要?"她说不是,只因为她喜欢。她强调说:"这是世界上人口最多的国家使用的语言。英文、法文、西班牙文,我都懂,就是不懂汉语,这多遗憾呀!"我告诉她:"下个星期我要在西班牙中国之友协会的汉语学校开一个班。"还提醒她说:"想学会讲几句汉语并不难,只要把汉语的四声掌握好就行,汉语的动词也不变位。但是汉字很难,要想读书看报,不掌握3000个常用汉字是不行的。"她回答说:"不管多难,我都要学。什么时候可以报名?"我为她的学习热情而感动。

友协的汉语学校开课了,16个学生的班里有4个汉语中等水平的学生,前任汉语老师使用的是汉英对照的基础汉语课本。卡门反映说:"我得不停地查英汉词典,有些意思模糊、不理解的字词还得查汉西词典,太浪费时间了。我本来业余时间就不多。"中等水平的学生反映说:"简体字我认不全,汉语拼音我又不认识。我是跟台湾老师学的,我学的是'ㄅ、ㄆ、ㄇ、ㄈ'这样的拼音和繁体字。"水平最高的学生说:"后面的阅读课文我们不感兴趣,有好多词没有用,没有意义。"我只得改变教学内容和方法，去适应这种复式班。我将学生按汉语水平高低分成四部分，一堂课分别给这四部分人上课，给一些人讲完，让他们做笔头作业，再给另一些讲，再布置作业，往复多次。我记录了每个水平的学生在不同时间段提出的不同问题，认为课文讲解要有弹性、分阶梯。过了一段时间，我开始研究我的教案，萌生了编一套适合母语是西班牙语的外国人使用的基础汉语教材的念头，学习者可以自主选用适合自己水平的内容进行学习。但计划归计划，梦想归梦想，真正要开始做，还需要勇气和知识的积淀。所以我犹豫了很久，因为这个工程太大了。

卡门那时是单身女人，曾有过一次失败的婚姻。她加入了一个高尔夫球俱乐部和一个马术俱乐部，周末去打打球，有时也去骑骑马，日子过得比较充实，但就是有点儿孤独。她的家在瓦伦西亚。周末她会邀请我一起骑马，打高尔夫球，边玩边练习说汉语，聊聊一些有关中国的话题。

我们有时也会探讨家庭、爱情与妇女独立等话题。她认为女人与男人是平等的，作为女性，首要的是思想独立，进而做到经济独立，完全依靠自己，走出家门到外面去闯荡。她不喜欢依靠男人的生活。

她还告诉我，她曾在1993年8月来过中国。她搬出来四大本厚厚的相册，上面记录了她在中国的足迹。她到过北京、上海、西安、桂林、苏州、广州等地，中国壮阔的名山大川、精巧的园林、肃穆的古刹名寺都留下了她的身影。

我们也聊到西班牙公务员的考试制度。她告诉我，在西班牙想成为国家公务员不是件容易的事情，当时报名参加初试且具有大学本科以上学历的考生有几千人，经过面试初选后，能参加正式考试的约有1400人，第一轮考试后剩下约250人，进入复试的大概85人，最后录取的更是少之又少。考试第一阶段，也就是初试，共5小时，考生要就企业管理、工业、技术、经济等诸方面的法律法规回答30个问题。第二阶段的考试也是5小时，考金融、税务、会计实践中的具体案例，共50个问题，另有1小时30分的外语考试，英语和法语必考，德语、意大利语选考。第三阶段考试分口试和笔试，这是决定性的考试，口试用抽签的方式选题，考45～60分钟，时间因人而异，由主考官决定；笔试则为2小时，共15个问题。

如此过五关、斩六将，真正能成为公务员的人一般素质都比较好，且十分珍视自己的工作，尽心尽责。公务员的待遇较高，收入稳定，监督机制和法律法规较完

李艾(左一)和西中友协会长(左二)、汉语学校校长(右二)、卡门(右一)合影

善,所以胡作非为、贪污腐败的人较少。

卡门多年的努力使她成为西班牙建设部下某个部门的司长。她全身心地投入到工作中去,所以比别人有更多的晋升机会。西班牙的上下级关系融洽,在机关、学校、商场等单位,常有用以联系感情的聚会与聚餐,大家都采用"AA制"的付款方式。再就是自己做饭,在家里或在办公室请大家吃饭。

那次,我的这位朋友又像往年一样,准备在办公室里搞自助餐。我去看望她时,正赶上她要去面包店买最好的面包,我就陪同前往。因为有六七十人,所以一下就要买上百个,她准备做巨无霸、水果蔬菜沙拉。她说她得起大早,独自干3个小时,然后8点赶到部里上班。

我问她为什么不请秘书来帮忙。她不解地问我:"这是我自己的事情,为什么要麻烦别人?"我帮她一起把4箱面包搬回了家,还买了很多火腿肠、金枪鱼、黄油、芝士、蔬菜、水果、沙拉酱、上等的咖啡、方糖、一次性纸杯什么的。让我感慨的是,别看她身着高级裘皮大衣,脚穿高跟鞋,搬面包箱子时却一点儿也不含糊。她告诉我,她的同事个个都很努力,一年来给了她很多的支持和帮助,她得好好犒劳他们。

　　她邀请我参加了他们圣诞前夕的聚餐。走进建设部宽敞明亮的前厅,首先要经过严格的安全检查,与内部相关部门联系上之后,贴上通行证方可入内。她的办公室在 7 层,那里有一个很大的过厅,足足有 60 平方米。聚餐用的桌子已经摆好,色彩鲜艳的桌布上,摆满了各种各样的美味食品。下午 2 点,聚餐开始了,男男女女有六七十人。没有致辞,没有演说,她为每一位同事斟酒,我只要了可乐。大家边吃边聊,像招待会一样,他们告诉我,部里每个部门的领导,年底都会宴请自己的部下,以表示对下属一年来辛勤工作的谢意。最后上甜点时,我的朋友手托装满巧克力的纸盒,穿行在人群中,向每一位同事致谢!上下级关系十分和谐。

　　卡门最大的愿望就是找一个中国男人做丈夫,她非常羡慕中国女人能有一个知寒知暖、会做家务又疼爱自己的丈夫。她也想做母亲,生个漂亮、聪明、高智商的混血宝宝。她还认为,作为母亲,应当不断地丰富自己,因为母亲是子女的第一教师,家庭教育比学校教育更为重要。她还要继续努力学习,不断提升自己,以做一个合格的母亲。

我教辛迪·克劳馥学汉语

1997年3月，巴塞罗那奥林匹克港为巨星而沸腾，世界顶级名模辛迪·克劳馥作为某品牌的形象大使来到这里。世界各大通讯社的1000多名记者来到这座奥运名城，簇拥着这位顶级模特走上T型台，现场掀起一阵阵热浪。作为这个漂亮姑娘的汉语老师，我不禁有些激动，从事对外汉语教学事业20余年，教世界顶级名模还是第一次。

辛迪·克劳馥受香港一家手表公司的邀请，要用汉语做一则广告。我作为全西班牙唯一有对外汉语教师资格证书的汉语教师，有幸在巴塞罗那教美国顶级名模辛迪·克劳馥学汉语。我们的课就在摄影机旁开始了。

她甜美地对我微笑，用英文向我问候，而后非常认真地跟我学发音——"亲爱的朋友们，你们好！""我去过你们的国家，我到过北京和上海。""我很喜欢中国！""我非常喜欢中国人民。""你喜欢这款表吗？这是我的选择。""这是我最佳的选择。"她不厌其烦地跟我重复"亲爱的""去过""喜欢"等发音，我惊奇地发现，汉语的四个声调辛迪分辨得很清楚，她用法语告诉我："我自幼喜欢音乐，没有音乐我就无法生活。我第一次接触到汉语，感觉说汉语就像唱歌一样好听。"我想兴许这就是她汉语四声掌握得不错的原因吧。她赞美汉语："汉语是音乐的语言，非常有魅力。""选择、选择、选择、选择……"她一遍又一遍地念着，一点儿大明星的架子都没有。

而后她开始拍摄广告片。我一直在她身边，看到化妆师不停地为她补妆，摄影师不断地变换着角度。她的工作态度非常严谨，对周围的工作人员很客气，与大家合作得很好。片子拍得很顺利。她笑容可掬地和我紧紧拥抱，感谢我教了她汉语，

李艾（二排右一）和辛迪·克劳馥（一排中）及其他活动成员

说今后如有机会，她一定来北京语言文化大学找我，继续跟我学汉语。

我以为这些话语只不过是大明星的客套话，谁曾料到第二年的圣诞前夕，我竟收到了有她亲笔签名的贺卡，她居然还记得我。我想这是因为我们中国太伟大了，我们的汉语太有吸引力了。同时，这也折射出辛迪·克劳馥的人格魅力。

第三年圣诞前夜，我又收到了一本有辛迪·克劳馥日常生活报道的画册。我真有些意想不到，我猜想是她秘书所为。

看着她光彩照人的照片，我想起T型台之下的辛迪。

辛迪·克劳馥出生在一个普通的蓝领家庭，父亲是电工。她家中有两个姐姐和一个弟弟，弟弟三岁时死于白血病。或许这就是辛迪设立基金会，每年都拿出她拍日历照收入的一半（约25万美元）用于研究防治白血病的缘由吧。

辛迪从小就是个勤奋好学的孩子，从小学到高中毕业她一直都是成绩拔尖的学生。高中的毕业典礼上，她代表全体毕业生致辞，随后西北大学化学工程系录取了她，并向她提供奖学金。在成为顶级名模的路途中，她曾多次返回校园继续她的学业。

把她引上模特之路的良师益友是芝加哥的摄影师维克多·斯克列布内斯基。他努力说服辛迪改行，教她学习如何真正成为职业模特。聪颖的辛迪从抓住镜头、保持身体笔直、摆出适当的姿势、展现迷人的笑容等方面一点点做起，为日后成名打下了坚实的基础。

辛迪是幸运的，在成功之路上，她遇到了模特界的重要人物、天才星探莫尼克·毕拉尔。其看完著名服装设计大师阿瑟丁·阿拉亚在巴黎的时装表演后，赞美辛迪说："我一下子被这位姑娘迷住了，她容貌完美、气质非凡，极具潜力。"辛迪的表演确实是极具魅力的。当她身着白色低领长裙出现在 T 型台上的时候，所有的观众眼睛为之一亮，继而屏住呼吸，盯着这仪态万方的"黑痣美人"。辛迪迷人的表演，引得全场掌声雷动。她自如地把握住了形体语言，与服装融为一体，准确地

李艾（左）和辛迪·克劳馥（右）

体现出了设计师的创意。

　　动人的辛迪使无数摄影师为之倾倒，此后她在 T 型台上的步伐越迈越稳。她的北京、上海之行，引起了轰动。1998 年，辛迪作为某品牌的形象大使曾到北京参加该品牌的一百五十周年庆典。晚宴上，她将珍贵的手表捐出拍卖，并将筹得的款项全部捐赠给我国的公益项目。

　　作为一名中国的教育工作者，教过辛迪汉语，我感到非常荣幸。我同美国顶级名模辛迪·克劳馥的一段师生情，表现在每年的圣诞节我都会收到一张有她亲笔签名的贺卡。辛迪是中国人民的朋友，她和中国人民有缘分。

塞万提斯故乡行

——万里赠书

为纪念西班牙著名作家塞万提斯诞辰四百五十周年，其故乡阿尔卡拉·德·埃纳雷斯小镇在阿尔卡拉大学举办了颇具特色的活动。

那天，大学生艺术团的小伙子们身着塞万提斯式的服装，怀抱吉他，身披披风，边弹边唱，所有参加庆祝活动的人们围在四周观看。歌罢，小伙子们邀请大家一起跳舞，我勇敢地加入了他们的行列。乐曲是欢快的，虽然舞步略显生疏，但我们的舞蹈热烈而飘逸。晚上，小镇举办了大型音乐会，由专业管弦乐队演奏。

阿尔卡拉·德·埃纳雷斯小镇的广场中心有一尊塞万提斯像，他右手握着羽毛笔，左胯后佩着一把长剑。笔和剑是作家与残酷命运周旋、斗争的真实写照。

塞万提斯故居坐落在小镇的主要街道上，是塞万提斯的医生父亲留下的。那是一座四四方方的环形小楼，中间是很大的天井，天井小院的一角，有一口当年饮水用的井，现在已是一口枯井，上面有个辘轳。小楼的上下两层有许多房间，左侧第一个房间是门诊室，有一张木桌，桌上摆着当年诊病的物品。第二个房间像是候诊室，内有两条长凳，一个木质神龛，大概是供病人祈祷使用的。右侧的房间好像是客厅。除此之外，还有一个小房间里面放着一架纺车。后面一排是厨房、餐厅等，壁炉内架着一口大锅，大大小小的红铜锅盆摆在两旁，碗橱中保留着当年使用的杯、碗、勺、盘，另有一张条形木制饭桌，可供全家人就餐，也按原样摆放。至于楼上，则全是展室，布置得崭新、洁净。我认真地转了一圈，发现书橱中陈列着来自20多个不同国家的《堂吉诃德》译本，却唯独没有发现中译本。我问工作人员

塞万提斯故居大门

何故，其中一个小姑娘瞪大眼睛问："你们也有《堂吉诃德》的译本？"我告诉她，中国二十世纪二三十年代就有相关译作了，而且还有好几个版本。她非常惊讶，问我可否送给故居一本。我爽快地答应了。几天以后，我们又特意到故居，将董燕生先生翻译的版本送给了他们。这本书是中国社会科学院拉美研究所的石瑞元研究员不远万里从北京亲自背过来的。不久后，我们收到了当时马德里市政府文化遗产管理局局长的感谢信。接着，我们又收到了当时塞万提斯故居负责人的感谢信。信中说，中文版的《堂吉诃德》给塞万提斯故居增添了光彩，它必将给日后的参观者留下更为深刻的印象。我想这不仅仅因为我们送去的那套译本装帧讲究，还因为《堂吉诃德》这一译本本身就拥有着众多读者。

塞万提斯的形象在西班牙随处可见。外来人看到的首先应该是位于王宫附近的西班牙广场上的塞万提斯塑像。广场中心耸立着巍峨的塞万提斯纪念碑，纪念碑顶端是一个硕大的地球仪。白色大理石塑成的塞万提斯手中捧着一本厚厚的书，他端坐着仿佛还在沉思。书中主人公堂吉诃德的青铜塑像比真人要大 5 倍。他骑着瘦马，手握长矛，他的随从桑丘·潘沙则骑着毛驴，二人仿佛正朝着日落的方向并辔而行。马德里议会大厦门前有两尊铜狮，它们对面的小公园内，也有一尊塞万提斯立像。像前的小广场上，一大群鸽子在觅食。哥伦布广场的对面则有一座蜡像馆，馆内有塞万提斯在塞维利亚的监狱中伏案疾书的蜡像，他手握鹅毛笔，仿佛正在构思着他的传世佳作《堂吉诃德》。

清晨，文学爱好者们可沿着普拉多大道来到当年塞万提斯写作《堂吉诃德》的地方。在马德里，纪念塞万提斯的场馆随处可见。

马德里皇家植物园南墙外，有一个摩雅纳斜坡。这里一年四季都有规模不小的户外书市，几乎所有的书摊上都摆着《堂吉诃德》。人们对塞万提斯的喜爱，不仅表现在静止的纪念碑上，还表现在年年更新的、丰富多彩的纪念活动中，连同那由西班牙政府成立的、遍布全球的塞万提斯学院，都足以证明塞万提斯之名和他的精神永存。

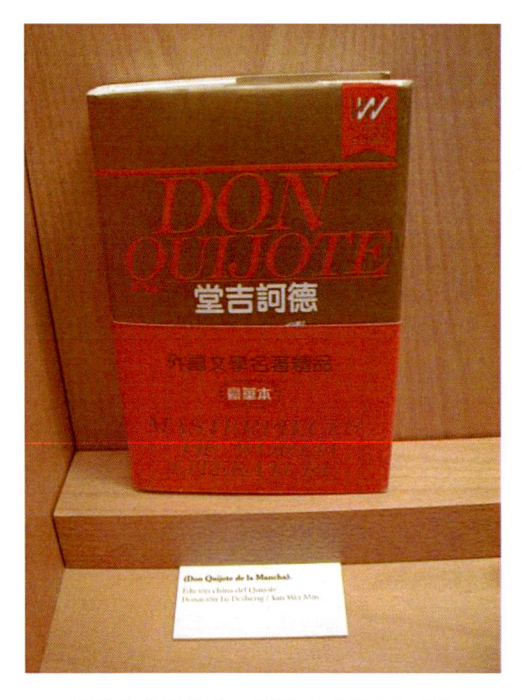

董燕生教授的中文版译本《堂吉诃德》

塞万提斯纪念活动别开生面

《堂吉诃德》这部小说在中国流传很广。在很多个塞万提斯的诞辰，我都会回想起多年前我在马德里教汉语的一段经历。

西班牙人善奇想。塞万提斯想象出一部流传千古的《堂吉诃德》。1997年4月23日，是这位世界文学巨匠诞生四百五十周年的纪念日，西班牙人除了举行集会、学术座谈会、展览会等传统的活动以外，还在马德里组织了一场声势空前的万人续写《堂吉诃德》的文化活动……

坐落在马德里市中心附近的美术中心，洁净而宽敞。进去之后，可以看到左侧摆放着数台电脑，每台前面都排着长长的队。我好奇地凑到一台电脑前面，一个小伙子正熟练地敲打着键盘，眼前的显示器上立即出现了这样几行字："堂吉诃德正开着一辆崭新的轿车，桑丘坐在副驾驶座上……"我又挪到第二台电脑前，显示器上写着："蓝天白云，山上的风车群变得更加美丽。小陈列室内摆放着巨型数字显示屏，当年堂吉诃德大战风车的精彩画面在上面清晰地演示着……"第三台电脑前，一对年轻的恋人边商量边写，显示器里的文字随着女孩子的指尖在键盘上的移动，向在场观看的人们叙述着一个意想不到的现代故事——堂吉诃德同他的梦中情人杜尔西内亚真的结了婚，还生有一子一女，他们的后代如今和我们生活在同一个时代。人们拍手叫好，像是在祝贺堂吉诃德和他的梦中情人在几个世纪以后终成眷属。还有人在一旁插话："可以将他的后代再编成一段故事……"第四台电脑前，是一个看上去并不年轻的男子，他的手指一直停留在键盘上，目光一直没有离开显示器，在全神贯注地构思着……

续写活动24小时连续进行。参加者络绎不绝，他们的文化层次不同，社会身份也不一样,但都如此热爱《堂吉诃德》。塞万提斯的"后人"们利用现代科学知识和现代思维,沉浸在比塞万提斯当年更为广阔的想象空间中,在电脑上续写下一幕幕引人入胜、令人开心的故事。这像是一种文学的欣赏,又像是一种知识的传播,还像是一种轻松的心理享受。受这种广泛参与意识的感染,我也想上去发挥一下自己的想象力,编出一段堂吉诃德式的故事。可惜,那里的电脑均无汉字输入程序,我只能在一旁望"机"兴叹!

但是,大厅里的另一种纪念形式满足了我参与的愿望。它同样别具一格——接力式朗读《堂吉诃德》。我走进左侧大厅,那里坐满了聆听者,前面讲台上一位学者风度的男士正在朗诵《堂吉诃德》的片段。右边则是排着队等待继续朗读的人们,他们大都是来自各行各业的文学爱好者。我身旁的一位女士告诉我,这个朗读会也是24小时不间断进行的。我捧着从使馆文化处借来的中文版《堂吉诃德》(杨绛的译本)走上讲台,开始用汉语朗诵第三章"堂吉诃德受封骑士的有趣故事"。

在西班牙教汉语期间,李艾(左一)和西中友协汉语学校的校长及教导主任

汉语抑扬顿挫的节奏引来了更多的听众，他们瞪圆了眼睛听着，有些人还不时点头，好像在说："原来汉语是这个样子，像唱歌一样。"当我走下讲台，绝大多数听众都说，这是他们第一次亲耳听到中国人用汉语朗读《堂吉诃德》。许多人更是对西班牙这部文学巨作有中文译本这件事感到惊讶不已。而我则告诉他们，中文译本不止这一种，在中国，有多位译者翻译过《堂吉诃德》。著名作家钱锺书先生的夫人杨绛先生是借英译本、法译本翻译而成，中国驻西班牙前大使崔维本先生和国际广播电台西班牙语组的刘京胜先生则是参考西班牙文版进行翻译的，北京外国语大学西班牙语资深教授董燕生翻译的版本是当时最新的版本。我和他们说，在中国，不少人从小学就知道堂吉诃德的故事。当我告诉他们中国知名学府北京大学的勺园北侧有一尊塞万提斯的站立铜像时，一群年轻的学生当场欢呼起来，非常自豪。他们告诉我，在我朗读时，尽管他们听不懂我的语言，但他们感受到了塞万提斯是属于全世界的。我想，中国有几亿《堂吉诃德》的读者，他们的自豪是有道理的。活动第二天，所有朗读者的名字和单位全都刊登在报纸上。西班牙中国之友协会的朋友送给了我这张报纸，在密密麻麻的人名中，我找到了我的名字——北京语言文化大学李艾。

在世界各地和中国各大高等院校学习汉语的母语是西班牙语的学习者，以及高水平的汉学家、文人，都以能用汉语在外交场合同中国朋友讲述《堂吉诃德》的片段为荣，他们认为这可以提升他们自身文化修养的层次和对自己国家文化的自信。

我在国内外的汉语课堂上，都要求西班牙语为母语的学生先看西语版的《堂吉诃德》，再阅读中文版的《堂吉诃德》，背诵里边的有趣片段，然后用汉语在课堂上讲述堂吉诃德的故事。我告诉学生："日后你们能用汉语介绍自己国家的文学、文化是非常重要的，这便于你们在中国开展工作、交友，同时也能提升自己的文化修养和品位。"

我教弗拉门戈艺术家学唱中国歌

1998年春，时任中国人民政治协商会议全国委员会主席的李瑞环即将访问西班牙，使馆新闻官小赵找到我："李老师，你能不能帮我个忙？我们准备迎接一个代表团，正在制订日程，做准备工作。有一场弗拉门戈艺术演出，需要歌手用汉语演唱一首中国歌曲，你能不能去教一下米歇尔先生？"我欣然同意。

第一次看见米歇尔·玛丽亚·桑多瓦尔先生是在他们的剧场。他有着高挑挺拔的身材、修长的双腿，高昂的头上戴着一顶黑色宽檐呢帽，留着梳理得很好的短络腮胡，说起话来嗓音洪亮。他是一位天才歌者，能用英语、法语、德语、俄语、意大利语、荷兰语、西班牙语演唱歌曲。我想他学习汉语发音一定不难，于是寒暄问候之后，我们便开始上课了。

"蓝蓝的天上白云飘，白云下面马儿跑。挥动鞭儿响四方，百鸟齐飞翔……"果然他学得很快，但记不住歌词，我把歌词翻译成西班牙语讲给他听之后，他一句句跟唱得很棒，模仿力很强。这种方式使他对歌曲的意境也有所理解，有助于他记住歌词。我们合作得非常愉快，第一次学习顺利完成了。

第二次上课是在一个公园里，我把备课时好不容易记录下来的简谱拿给他看，他却看不懂，所以我只好改教他歌词的汉语拼音。我们一个词一个词记录，一个词一个词练发音。四声对任何一个外国人来说都是生疏的，还好他的语感很强，慢慢就掌握了。然后就是一句句教唱，一遍又一遍重复。还好，他能轻哼出来了，旋律感也有了。

离代表团到访的日子越来越近了。我又去找我熟悉的西班牙钢琴家，把这首歌的五线谱抄录下来。第三次课是去米歇尔先生家，在钢琴边练习演唱这首歌。他已经能把这首歌弹下来了,我悬着的心也就放下了。歌词歌词,记住歌词成了关键。我还教他唱了一首《在那遥远的地方》备用。下面就该看他的功夫了。

米歇尔先生同时是一位杰出的表演艺术家,他和妻子合作表演的弗拉门戈舞蹈,堪称一绝。

在弗拉门戈舞蹈中,男舞者动作非常复杂,难度极大。昂首挺胸,端肩侧臂,前行后退,旋转高跳,动作花样之多令人目不暇接。踢踏跺脚、双腿交叉变换的频率极快,带铁掌的舞靴撞击地面发出的"哒哒"声,节奏铿锵明快,极具冲击力。伴随着乐曲的旋律,男舞者展现出的奔放的旋舞,最令观众叫绝。

于是我教了他几个蒙古舞的骑马动作——跃身上马,挥动马鞭,俯身马背,一会儿狂奔向前,一会儿自在前行……他一学就会,韵味十足,就等正式演出时发挥出来了。我完成了大使馆交给我的工作,回去安心地等待。

代表团成功地访问了西班牙。在告别的晚宴上,中国代表团成员被安排在前排正中的位置上就座,随行工作人员被安排在两侧。最后压轴演出的就是米歇尔先

弗拉门戈艺术家正在演出

生，他用汉语演唱中国歌曲《草原上升起不落的太阳》，那歌声响彻演出大厅，他字正腔圆、吐字清晰，演唱节奏明快，加上骑马的舞步，活脱脱一个彪悍的中国蒙古族骑手在舞台上载歌载舞。

　　掌声雷动，我的教学获得成功，我内心的自豪感油然而生。我相信这首汉语歌能够永远传唱下去，质朴的歌词、优美的旋律将永远飘荡在西班牙马德里的各大舞台。中西人民的友谊万古长青！

万里相见不是梦

——罗尼和安娜

在马德里阿托查火车站，乘上西去的列车，我要去看望阔别近20年的安娜。我的思绪飞回到改革开放初期的中国……

中西建交后不久，幸运的安娜获得了一笔中国政府资助的奖学金赴北京留学。她来到北京语言学院，成为我班上的一员。当年这个小巧玲珑的西班牙姑娘，一头棕黑色的秀发，高高的鼻梁，眨着一双动人的眼睛。当时年仅22岁的安娜，就已是西班牙圣地亚哥大学医学系的毕业生了。我记得她开朗、活泼、大方。

罗尼，身高1.8米，有着一双睿智的蓝眼睛，透出几分灵气。他通晓英语、法语、德语，从布鲁塞尔来到北京学习汉语，也在我的班上。他有语言天赋，汉语的发音很不错，性格沉稳，风度翩翩。

共同的爱好使罗尼和安娜走到了一起。作为他们的汉语老师，我看着他们从相识到相知，从相爱到结婚。我荣幸地作为"家长"参加了他们在北京举办的婚礼。他们说，中国是他们的第二故乡，我是他们的第二母亲。

在他们离开北京的日子里，每当他们有了爱情的结晶，就会寄给我一张小天使的照片，直到他们的第三个孩子保尔出生。因为罗尼是外交官，所以他们曾辗转于汉城（2005年中文名称改为"首尔"，此处保留安娜和罗尼前往时的称呼）、曼谷和拉巴斯。只是1995年之后，便没了他们的消息。

这次有机会到马德里工作，我试着给安娜的父母亲写了一封信，因为安娜和罗尼居无定所。我很快就收到了安娜的回信，但万万没想到罗尼竟永远离开了他眷恋

李艾（左）和安娜（右）在安娜家的屋顶晒台上

的妻子儿女，永远离开了我们。

　　接到这个消息之后，我就一直惦念着安娜一家，很想去看看她和她的孩子们，真不知道安娜瘦小单薄的双肩怎么挑得起这么沉重的担子。广播里响起播音员的声音，把我唤回到现实中来，我抵达了目的地维戈。列车缓缓进站，我急切地向车门走去。迎着门，我看到一张稚气的脸，眨着一双明亮熟悉的蓝眼睛。我俯下身子一把抱住这个七岁的小男孩儿，泪水止不住流了下来。想到我再也见不到罗尼，再也听不到他用普通话向我问候，我的心就禁不住打战，一阵阵紧缩地疼痛。此刻随着一声："李老师！你好！我做梦也想不到能在西班牙看到你！"安娜扑了过来，我们紧紧地、长时间地拥抱在一起，久别重逢，悲喜交加，感慨万千。而后两双饱含泪花的眼睛对视了片刻，彼此都发现了对方的改变。20年后的安娜不再像学生时代那么单薄，那双成熟、美丽、充满自信的眼睛告诉我，她已挑起了生活的重担。

　　她说："老师，你的变化真大，那时你们中国人都穿一样的衣服，不是灰的就是蓝的，还是一字领。你这件紫红色的西服套裙，面料很高档。你也戴首饰了，还化了妆！比教我们的时候还漂亮！瞧！你的发型，真好看！改革开放后的中国，变化是巨大的，北京肯定变得更美、更迷人了吧！我好想念北京啊！"我不由得摸了一下梳在脑后的传统的中式发髻，指指鬓角的白发，对安娜说："20年了，老师是不是变老了？""哪儿啊！"她竟说出了这个极口语化的汉语否定句，我真高兴她没有忘记之前学过的东西。她撩起自己蓬松的短发，不少白发藏在下面，这是生活沧桑的痕迹，也是精神重创的印记。她告诉我，她曾非常艰难，也曾十分消沉，但现在一切都过去了。山路弯弯，安娜边开车边同我聊天，20年的离情别绪，怎可能三言两语道完？她不停地说着。几经周折，我们来到了安娜的家。两个漂亮的小姑娘，小燕儿般地"飞"了出来，同我亲吻拥抱。罗尼熟悉的脸庞又闪现在我眼前，然而我只能看到他生命的延续，再也看不到那个聪明伶俐的小伙子了。这是一座带后花园的二层小楼，那时刚买不久，花去了她和罗尼多年的积蓄，父母兄弟也多有帮衬。让我吃惊的是，走进家门后，浓厚的东方气息扑面而来。一个中式的紫檀木中药柜摆在客厅中显眼的地方，川芎、当归、柴胡、黄芪……各种药材，像是开中药铺一般，这是作为医生的安娜情有独钟的东西。"李老师，我喜欢中国，我永远忘不了中国！在那儿，我度过了人生中最美好的一年！那里有我的初恋。"

日本古式立柜，韩国带镶嵌画的卧柜，泰国卧佛木雕……安娜家中大大小小、琳琅满目的摆设几乎都是东方式的。在通往二楼卧室的楼梯一侧，挂着两幅中国的水墨画，一幅是高风亮节的翠竹，显示出安娜性格中坚强的一面；另一幅是藤萝，那柔枝阔叶中点缀着两朵淡紫色的花，是安娜温柔善良的写照。

晚上我躺在保尔的小床上，久久不能入睡。双眼盯着白色的墙壁，那墙壁像是一块银幕，安娜和罗尼婚后那几年的快乐生活，一幕幕地出现在我眼前。作为比利时的外交官，罗尼曾被派往韩国。安娜怀着老二，牵着老大，陪伴他去了汉城。她不太习惯韩国的生活。安娜最喜欢在泰国的日子，因为她在那里结识了一位老中医，学习了中国传统医学的针灸。太阳穴、印堂穴、人中穴、迎香穴、合谷穴、内关穴、外关穴、足三里穴、三阴交穴……她一口气能背出一大串穴位来。她还特别兴奋地告诉我，她曾运用针灸抢救过休克病人，简直神极了！人们都夸她是"中国医生"。她说以后若有机会，她一定要来中国进修针灸学。她还告诉我，他们之所以被派往东方，就是因为他们都是中国留学生，是北京语言学院的毕业生。这些年来，他们从未间断过汉语学习。

后来，罗尼作为联合国的官员被派往拉巴斯。他们相爱如初，小保尔就是在那里出生的。但人生真是一场戏，悲欢离合，谁也不能逃避。

玻利维亚被称为"外交官的坟墓"，那里的环境对外来的人们极不客气。罗尼最终没能走出的喀喀湖的阴霾。安娜说罗尼心脏病发作时，她没能在他身边，当时她正在当地的一家慈善医院救助另一个病人。她说："救死扶伤是我们医生的天职，在任何人需要我们的时候，我们都会尽职尽责。可是我没有机会救治自己的丈夫，这是我一生最大最大的遗憾。"

安娜是个自立自强的女孩子。她虽然生养了三个孩子，但始终没有丢掉她的医学专业。她走到哪里都义务地为人们看病，稍一有空，就看最新的医学杂志，还去过汉城、曼谷、拉巴斯最好的医院参观、学习。遇到机会也在那里帮帮忙，这样可以学到当地的先进医疗技术。所有这些都是日后安娜独自撑起家庭、抚养教育子女的基础。她凭着医科大学的文凭和多年从医的经历，在西班牙就业极为艰难的情况下，找到了三份工作。也就是这三份工作的薪水使她能够养家糊口，给孩子们交学费，孝敬父母。她支撑起了这个家。

然而，谁能想象安娜完成这三份工作的艰辛呢？那天，我陪着她，亲眼看见了一个平凡的西班牙女性真真实实的一天。

西班牙人的作息时间是世界上最独特的。一般来说，西班牙人上午九点上班，下午两点下班吃午饭，午休以后下午五点才上班，晚上八点或八点半下班。所有的商店、银行、公司都是这样，连各国大使馆也不例外。

安娜的作息时间比正常的时间要紧张得多，她一早六点半便起身，叫完大女儿，再叫小女儿和儿子，然后准备早饭。大女儿已经能帮她不少忙了。母子四人吃完早点，大女儿乘地铁去大学学习，二女儿骑摩托上中学，她则送小儿子到一所较远的私立小学上课，然后再去上班。她在区属健康中心做门诊大夫，兼两个远郊敬老院的保健医生，定期上门巡诊，另外她还在水族馆医务所兼两个下午的门诊。她每周要工作48小时以上。有时一个电话，不管多晚她都得尽快赶到患者身旁。我陪她前往敬老院时，光单程路途就要45分钟。她每天早出晚归，周而复始，马不

安娜在她工作的养老院里刚给她服务的老人量完血压

停蹄，没有帮手，有时甚至连休息的机会都没有。她希望孩子们都能受到良好的教育，所以必须拼命工作。周末她还要去看望年事已高的双亲。那天下班之后，她带我去她父母家，一路上我们聊天，我引用了孔子的一句话："不孝有三，无后为大。"说她为罗尼生了一个儿子总算是一件幸事。她激烈地反驳说："这是'大男子主义'，孝敬父母不论男女。"我也赞同她的说法，附和说："当然，你们的孩子都很好，将来一定会孝顺，我很爱他们。""那当然！那当然！你不知道有了他们，罗尼有多开心！"于是我们开怀大笑。

通过对她的观察，我认为，作为一个医生她是称职的，作为一个母亲她是优秀的，作为一个女儿她是孝顺的。只是作为一个妻子，她是不幸的。但安娜很坚强，她很乐观地和孩子们一起生活着。

光阴荏苒，又过去了很久。安娜的孩子们都已长大成人，相信她也很好地照看了她和罗尼的父母。很想问候一句："你们现在生活得还好吧？我时常想起我们在一起的北语时光。"

我教修女学中文

结识皮拉尔嬷嬷，缘起于她左手无名指上那枚闪闪发光的戒指。我从小说里、电影里了解到修女是不结婚的，所以在马德里的一个地铁口看到的这位中年修女让我产生了极大的好奇心。并且由于我还经常看到有年轻漂亮的小修女进出于我家附近的一个院子，因此我特别想了解这个陌生的群体，想知道她们每天都在做什么，她们的理想和追求是什么，这个院子里是个什么机构……于是我加快了脚步赶上她，和她说话。

一路上我们相互回答对方感兴趣的问题，聊得很开心。她告诉我修女是不结婚的，这枚戒指是她入修道院一段时间后，经过几次考核，在仪式上郑重地戴上的，表明她立志今生今世永远侍奉上帝，听从上帝的吩咐。

那个院子原来是一个修道院下属的刺绣作坊，里面有十几个年轻的修女绣娘在紧张地工作着，她们在为游行彩车上的圣母玛利亚绣一件披风。我跟随皮拉尔嬷嬷走进了作坊，和这些姑娘相识了，我表示要向她们学习刺绣，告诉她们我想绣几朵梅花，梅花旁边再绣上"风雨送春归"五个汉字。这群小姑娘平生第一次看到汉字，感觉很新奇，当我把这五个字的意思翻译给她们听时，她们感到吃惊。"这么几个字，短短一句话，表达那么多的意思呀！"一个小修女说道。

皮拉尔嬷嬷把我介绍给了带班的玛尔塔嬷嬷，她热情地接待了我。作坊大厅的一角摆放着一架立式的德国钢琴。我们在一旁的桌子边坐下，我说了我的诉求，嬷嬷爽快地答应了，说我随时都可以来。

因为我的住处离那里步行只需八分钟，所以第二天我就去刺绣作坊学刺绣了。我带着从国内带来的绣布——布质挺实、格子齐正、布孔清楚，五颜六色的绣线，

李艾（左）正在和修女朋友聊天

各种型号的绣针，还有一些零碎的东西，穿线器、拆线器、针插什么的。这些东西之前一直堆放在衣柜里，出国都大半年了，我第一次拿出来，心想这下有师父了，兴许会有一个好的开端，在压力的作用下，或许我会坚持得更久。我憧憬着在不远的将来，会绣出一幅手绣作品。

我没有绣架，嬷嬷送了我一个西班牙式的绣绷。我先学她们的绣法，做了些小绣品。因为她们是慈善机构，所以不收学费。

我为了表达谢意，便开始主动教她们写汉字"风雨送春归"，又教年轻的绣娘们学习了"永字八法"，随后写"一、二、三、四、五、六、七、八、九、十"，再写"人、入、口、刀、羊"。她们则手把手地教我刺绣。我基本掌握绣法后，就在家里绣，隔三岔五再去姑娘们那里一趟，送些中文画报或外文局西班牙文版的介绍中国的彩页。那年要过年时，我送了她们一本新挂历。我们一起欣赏挂历上的徐悲鸿水墨画《八骏图》、李可染的山水画《万山红遍》、黄胄的《牧驴少女》。我和她们聊天、唱歌，还看了几个对中国感兴趣的姑娘写的汉字。有几位坚持得好的姑娘拿出她们的作业本给我看——真不错！写在西班牙式小方格本上的汉字还真不少，一遍又一遍，只是间架结构不那么规范，有的摆错了位置。我送给她们从北京带来的田格本，希望把她们引导上能够自学写汉字的路，只要努力练习，有模有样的汉字就会出现。教了她们一段时间后，她们就已经能在忙里偷闲时，自主学习认汉字、写汉字了。

每次去她们的工作室都会经过一个大厅，参观完修道院里的绘画、雕塑、实物的展厅后，会走到一条长廊，长廊顶上有叙述西班牙古代建筑的历史图画。

有一天皮拉尔嬷嬷领我去了她的住处，那是一间朴素而整洁的卧室，床边有张写字台。她有一台电脑，我送给了她一张讲解北京名胜古迹的光盘。她打开电脑，随着熟悉的中国乐曲响起，十里长街、天安门、中国革命博物馆、人民大会堂、前门楼子、故宫、天坛、地坛、日坛、月坛……北京的美景一一展现在眼前。

我们聊起了她的日常工作，她告诉我她的主要工作是负责安抚慰问被家暴的妇女、解救失足青少年，还顺便管理"种菜班"和采购生活用品。她给我看了她保存的满是中国绘画和中国风景照的幻灯片，说特别想去北京看看。我兴奋地说："明年

李艾（左）和皮拉尔嬷嬷　　　李艾（右一）和学汉语的修女们

我就回国了，欢迎你到中国去，到时候我陪你逛北京。"她苦笑了一下说："眼下我工作忙离不开，上帝给我的时间也不多了。"我不解地望着她，她告诉我她得了癌症，不过她很高兴，因为她很快就能去见上帝了。

小作坊一直开工，我们相互切磋针法、讨论色彩。汉语课堂也不定期地进行，小修女们认识的汉字越来越多。她们逐渐认识了原本生疏的中国，我也开始对神秘的修女生活有所了解。我们的友谊在持续。

回国前，我去道别，我送给姑娘们一幅"万里长城"的十字绣图纸，还有绣布、绣线、绣针、拆线器、小剪刀等。我还把我编写的《新思维汉语》第一册的打印稿给了她们，恋恋不舍地对她们说："我回北京了，愿我的书继续帮助你们学习汉字和中国传统文化。"

又一个汉语园地被开辟，我带着希望、带着期盼与她们一步三回首地挥手告别，两眼含着泪花。

《爱与离别之歌》的诞生

在马德里巴拉哈斯机场附近有一家绿桑饭店，据说很多年前，店前有一棵枝繁叶茂的大桑树，饭店因此而得名。这家饭店以野味烧烤著称，挂满三个大厅墙壁的羊头、鹿头、牛头标本，可以告诉我们饭店主人是个狩猎爱好者。我们与西班牙著名诗人恩里克·格拉西亚夫妇及旅西书法家、画家、诗词翻译家徐宗挥伉俪的会面就在这家充满山野气息的饭店里。

露天餐桌上，我们探讨的是中国古代诗词，诗人和我们分别用各自的语言朗诵着一首又一首唐诗宋词。我们切磋诗词的格律和韵脚，我们体会西班牙诗歌的格调和意境，我向他们学习用西班牙语朗诵诗歌的技巧，而他们则赞美汉语——这个古老且带着声调如同音乐般的语言，有着很大的魅力。然后我静静聆听对女词人李清照佳作的西班牙语朗诵，浑厚的女低音，回肠荡气，哀哀怨怨，如泣如诉。这个动人的女低音来自恩里克·格拉西亚的妻子索莱塔·塞拉诺，她朗诵时的那韵律、那语调、那节奏，把中国宋代女词人李清照愁肠满腹的哀怨展现得淋漓尽致。

徐宗挥先生自 1995 年 12 月开始选词到 2000 年 7 月翻译、校对完毕，历时四年零七个月。他查找资料，仔细品味，精选了包括温庭筠、苏轼、欧阳修、陆游、辛弃疾、李清照、吴文英在内的 15 位唐宋词人的 60 多首词作。然后由西班牙诗人恩里克·格拉西亚逐字逐句地将徐先生译的这些词，在完全忠实于原文的基础上，进行再创作，于是极具西班牙味道的中国古代诗词就被整理成册了。

这本书由当时的中华人民共和国驻西班牙使馆大使汤永贵先生作序，题为《爱与离别之歌》，由西班牙最负盛名的出版社用西班牙文出版。这是中国人民的幸运，中国古典名作得以用西班牙语呈现在世人的面前。

我们应当好好地认识一下这两位为之呕心沥血的诗人。他们孤灯、独眠，多少个日日夜夜沉浸在中国的诗海里。

诗人恩里克·格拉西亚，22 岁时出版了第一本诗集《相遇》，这一作品集 1972 年获得了西班牙语界很有影响力的诗歌奖项。诗人当年为马德里普罗米修斯诗歌协会和伊比利亚美洲诗歌研究院的负责人之一，同时也是国际诗歌双年大会第二届（1989）、第三届（1992）的负责人。他出版的其他诗作还有《迷宫的编年史》（1992）、《敲击心房》（1993）、《逝去的岁月和剩余的编年史》（1994）、《苦涩人生的岁月》（1995）、《永恒的时间》（1997）等。

徐宗挥先生 1955 年 10 月 17 日出生于中国浙江温州，他在西班牙塞万提斯的故乡开有一所汉语学校，那里年年都有对中国书法和汉字感兴趣的学习者报名学习。学校以教基础汉语为主，辅以中国书法、绘画。出于对中国文化的热爱，许多来自马德里、巴塞罗那、瓦伦西亚、桑坦德、塞维利亚、马拉加（毕加索的故乡）、

李艾（左一）和西班牙恩里克·格拉西亚伉俪、西班牙艺术家协会书画家徐宗挥夫妇共进晚餐

萨拉戈萨（戈雅的家乡）的美术爱好者，坐通勤车赶到徐先生的汉语学校上周末的中国画课和书法课。他们对中国的水墨画非常感兴趣，学习从未间断过。

徐先生自幼爱好书法。1970年起，他师从浙江美术学院国画系教师朱恒先生，跟他学习山水画，书法上也曾得到大书法家沙孟海先生的亲自指点。徐先生深厚的诗词功底源于他的家庭，他自幼随其父学习唐诗宋词，到十几岁时已能背诵唐宋诗词300多首，古文名篇几十篇，《论语》《大学》《中庸》的一些章节可以熟读成诵。其父生前任浙江省诗词学会副会长、西湖诗社社长，这样的家庭使徐先生自幼获得了充分的文化熏陶，父亲严格的教育使其拥有了很好的古典文学功底。1981年8月，徐先生从杭州师范学院英语系毕业。其古典文学功底和英语能力让他有如插上了一双坚实的翅膀，使他能自如地翱翔在诗歌的蓝天上。他遍读古今中外的名诗大作，读过雪莱、济慈、拜伦、海涅、惠特曼的原诗，揣摩过徐志摩、闻一多、艾青、郭沫若的诗篇。他对诗歌的酷爱，对中外诗词格律、韵味的体会使他有能力着手翻译《爱与离别之歌》。他逐字逐句将一首首词翻译成西班牙语，然后一句句、一首首地解释给恩里克·格拉西亚听，后者悟性极强，善于捕捉诗意，进入意境，做下记录回去创作写成初稿。两人无数次会面，探讨了每一个细节，也解决了不少疑惑。他们反复推敲、切磋、解疑、斟酌，一步步向"信、达、雅"靠近，直至双方满意为止。多次修改后，才将这部词选校对完毕。中西诗人的完美合作终于结出了硕果。

翻开这本书，扉页是徐先生临摹的明代画家唐寅的《山路松声图》，那惟妙惟肖、几乎以假乱真的笔法令我对徐先生肃然起敬。封底则是徐先生的《春思图》，这幅画让我忆起初识徐先生的那个夜晚。

1996年7月，在马德里举办的徐宗挥个人抽象水墨画展上，我认识了这位朴素谦和的画家。他个子不高，小平头，一脸的严肃，偶尔一笑时，右颊上会出现一个深深的酒窝，双眼则闪出聪颖的光芒。之后他送给我一本《徐宗挥画集》，这是一本由著名美术评论家吴甲丰先生作序，上海人民美术出版社出版的画集。吴先生称其抽象水墨画"逾越了徐渭、朱耷等从没有越过的那条不易察觉的界线"。徐先生的抽象水墨画，也曾受到西班牙艺术评论家的好评。

徐先生在中国画方面硕果累累，他活跃在西班牙的文化圈内，多次举办个人书画展。同时，他还在中国书法方面颇有造诣，也是一位书法家，曾在西班牙中国之友协会等机构开设书法班，获得过西方媒体的广泛关注和宣传。我参观过他的书法屋，听过他的书法讲座。我还邀请他为我的西班牙学生做过讲座，让学生观摩并学习他的书法，也组织学生参观过他的书画展。1997年10月，在"27位西班牙画家画中国"联展的开幕式上，徐宗挥为画展作品集题写书名《视觉》。他的书法作品《节录孙过庭〈书谱〉》参加了1998年在中国美术馆举办的"世界华人书画展"，并入选《世界华人书画展作品集》。1999年10月，在中国美术家协会主办的"孔子诞辰2550年书画大展"上，他的作品入选了优秀作品。

真为徐先生和诗人恩里克·格拉西亚的成功而高兴，他们共同的劳动结晶将为中西文化交流史册增添新的篇章。

我的海外教学花絮

其一

北京语言大学建校四十周年倒计时 42 天的时候，我接到世界知识出版社的图书室主任李豫生打来的电话。他告诉我："李老师，您爱人颜为民先生的书《西班牙在世纪之交》已经出版了。快点儿来取吧！"

捧着这本由新华社老社长朱穆之题写书名的书，我心情很激动。书里时任西班牙首相的阿斯纳尔接受采访后同作者颜为民的合影，使我回想起那次偶然的际遇——我教首相学汉语。

2000 年 6 月，阿斯纳尔访华前夕，在蒙克洛亚宫接受了时任新华社驻马德里首席记者颜为民的采访。我作为那时西班牙首相府新闻局局长卡萨斯先生点名的"摄影师"参加了这次采访。我猜想一定是一年前我送给他的那张精美照片起了作用——那是一次活动，我为他和他的夫人拍摄了合影。采访结束后，当阿斯纳尔得知我是北京语言文化大学专门教授外国人汉语的教师时，便主动向我学习"你好""你身体好吗""祝你健康""谢谢""不客气""再见""中国菜真好吃"……他一字一句，极为认真地重复着。阿斯纳尔风趣地说："见到江主席和朱总理时，我可以用汉语说'你好！你好！'，他们一定很吃惊。当我吃北京烤鸭时，我可以对服务员小姐说'真好吃！谢谢！'。"他还问我，"不客气"和"不谢"的区别是什么，我用西班牙语向他解释。教与学在极为融洽的氛围中进行。分别时，阿斯纳尔迈着稳健的步子，踏着红地毯，把我和我的丈夫一直送到大门外，在门口张开双臂同我们施贴面礼，并再一次问我"再见"怎么说，然后挥动着右手清楚地说了两声"再见"。

望着阿斯纳尔微笑的小胡子和他频频挥动的手臂，我马上联想到，等他访华圆满结束，登上舷梯向中国人民说"再见"时，一定也是这样的神情。中西两国人民的友谊之树长青。

其二

翻开《西班牙在世纪之交》，这里有我们在西班牙走过的足迹，字里行间有我在那里同汉语的不解之缘。

2000年夏，我突然接到当时乌拉圭驻西班牙大使的夫人的电话，她约我到大使官邸见面。

晚上我驱车找到马德里西南佛罗里达小区的一栋别墅，在大使官邸的客厅里，我见到了我1992年教过的学生克里斯提娜，她是大使夫人的朋友。她用汉语同我打招呼，然后紧紧拥抱我。她愉快地告诉我，她陪同丈夫访问了中国，到了北京、上海、西安、杭州、苏州等地。她盛赞我国风光的迤逦、商品的丰盛、物价的便宜。她说，自从她当年穿我的旗袍照了一张相片，就想买一件合身的旗袍，这已经成了她多年的一个愿望。在中国，她看到了那么多五颜六色、繁花锦簇的旗袍。她都挑花了眼，终于买到一件非常漂亮、非常可心的旗袍，这件旗袍成为她使用最多的礼服。她还买了许多件可以日常穿戴的中式便装，还包括鞋、帽子、围巾、袜子等。

她说她还买了好多字画，因为她对中国书法很感兴趣。之后，我们谈了许多有关书法家和他们作品的内容，她最喜欢王羲之的《兰亭集序》，说中国书法迷人的地方是怎么看怎么好看。她告诉我，她家里挂着不少名家作品，其中包括北宋著名文学家、书画家苏轼的作品。对字画，她更多的是学着欣赏，欣赏也是很愉快的事。她还告诉我，她开始学习用毛笔写汉字了。"虽然我掌握的汉字不多，可是天天都在增加啊！你教我汉字的偏旁部首的寓意，我可是记得清清楚楚哦。你教会我查字典，你送我的《汉西分类词典》，我一直在用。"然后她随手从包里拿出一本袖珍词典，指着半旧的词典说："一路走来可有用了。"

她还记得我曾陪她逛北京市贸促会在蒙得维的亚举办的商品交易会。我也想起多年前，我作为翻译陪同当时中国驻乌拉圭大使杨许强的夫人纪清萱帮克里斯提娜买地毯的往事。

在卖中国地毯的摊位上,一个小姑娘热情洋溢地介绍说:"新疆地毯素以历史悠久、技艺高超而驰名于世,它融绘画、雕刻、编织、刺绣、印染等工艺于一体。它以羊毛为栽绒原料,以手工制作为特点,有良好的弹性,能保温、吸潮、消音,很结实,不易损坏。新疆地毯以和田地毯最为有名。"我忙不迭地翻译着,并补充道:"早在2500年前,新疆人民就能够编织出栽绒地毯,还有栽绒马鞍。"最后我们买了一块独特的地毯,还协助卖方把这块以紫红色为主的地毯送到了她家里。她还记得这件事,并告诉我那块地毯至今还铺在他们蒙得维的亚的家里,新疆风格的花纹特别新奇好看,这么多年色泽还是那么鲜艳。

我们还一起欣赏了她买的中国画,有中国元代著名书画家赵孟頫《鹊华秋色图》《江村渔乐图》的复制品。她告诉我们,这些画是一位中央美术学院的教授陪她在北京买的,她带到西班牙来是想作为礼物送给中国外交官。

能为中国和乌拉圭人民的友谊做点实事是我的快乐所在。

我是中国教师

2002—2010年，作为北京语言大学的对外汉语教师，我受教育部的委派前往古巴，协助哈瓦那大学创建了其历史上第一个汉学专业，成为哈瓦那大学首任汉语教师。期间我经历了生死考验。

飓风经常肆虐加勒比地区。2004年8月初，气象预报"珍妮""伊万"将相继到来，古巴电台、电视台不断地播放飓风的相关信息——风速、中心、席卷的走向和途经的国家和地区，预报说"伊万"即将横扫哈瓦那。

荧屏上滚动出现多米尼加、海地、牙买加、尼加拉瓜等国家被飓风扫过的场景，场面十分惨烈。很难想象时速为256千米/小时的飓风刮过哈瓦那时，将是一番什么景象——危楼坍塌，飞沙走石，旋风裹挟着残砖烂瓦以致命的速度，向四面八方乱窜，伤人和毙命是不可避免的。到那时，无数人将流离失所……风灾带来的损失绝对不亚于地震和海啸，我真的有点害怕。

人们开始恐慌。听古巴朋友讲1996年的那次台风，海浪掀起，有三层楼那么高。狂风卷着巨浪跃过马雷贡大堤，冲进沿海的建筑物。地势较低处的房屋遭受了灭顶之灾，水直淹到一层楼那么深。星级大饭店一层商场里的东西，几乎全都被冲了出来，各式各样的鞋子、五颜六色的衣物，甚至是锅碗瓢盆，都满街漂着。还有摔烂的家具、变形的杂物、小电器和炊具……天啊！我内心感到恐惧，难道我真的要死了吗？

回到房间，我找出一面五星红旗，平铺在床中间，凝视良久。那时我终于明白了成千上万的海外华侨华人热烈而真挚的爱国心，在海外遇到危难的时刻，愈发能感受到祖国在心中的分量。我郑重地把国旗叠好放进背包，同时放进去的还有北京语言大学的招生简章，上面有雄伟的教学楼和美丽的校园，还放了学生字迹工整的作文本，这是我的教书成果。从那时开始，无论走到哪里，我都会背着这个背包。一旦遭遇不幸，活着的人们可以在废墟里找出这些，然后就会知道我是一个中国人，是北京语言大学的教师。

我心中明白我是中国教师，所以我的一言一行都代表着我的祖国，我绝不能龟缩在避风港内独自求生，而是要和古巴人民风雨同舟，共渡难关。我决定为我的学生和朋友做点什么。

哈瓦那公共交通不便。我每次去上课，如果搭不上学生的顺风车，要顶着烈日步行45分钟，才能到达哈瓦那大学外语系的教室。如遇上风雨，就要淋着大雨回到大学旅馆，因为在古巴几乎没有人打雨伞，更不要说打阳伞。入乡随俗，我决定步行开始家访。不可能做到挨家挨户拜访，只能去住在周边的学生们的家，看看各家的防风措施落实得怎么样，给他们送些绳索和胶带，顺便强调一下布置过的家庭作业。我还去周边的画家朋友、教授朋友、诗人和外交官夫人的家，帮他们加固门窗，用胶带在窗玻璃上贴成"米"字，以防震碎的玻璃伤人。还特意去海边那座低矮的小屋，看望那位黑皮肤的朋友，他是华裔雕塑家。我劝他到大学旅馆避一避，但他拒绝了，他说："朋友，我要和我的作品在一起。"环视琳琅满目、大大小小的木雕，其中一个中国男人的胸像吸引了我的目光。他说，那是他想象中的曾祖父，他是福建人。

全哈瓦那的人都行动起来了。市政府派出园林工人，开着工程车巡查大街小巷两旁的树木，把杂乱的树枝锯断，以防坠落伤人。他们号召市民投亲靠友，寻找可以躲避风暴的去处。清洁工把数个垃圾桶捆在一起加大重量，还有工人取下了路边大大小小的广告牌。

紧张的氛围让人格外悲情。人们开始听到"呼呼"的风声了，"伊万"到来之前的风声，像呼哧带喘、吃力爬坡的蒸汽火车头，正变得越来越大。高高的棕榈树疯狂地摇晃着宽大的树叶，像无数双巨大的手掌，伸向蓝天，仰天呼号着："保佑朴实善良的人们吧！"大街上，人们行色匆匆；酒吧里，人们在大口大口地喝着"哈瓦那俱乐部"7年朗姆酒（这种酒驰名世界，是古巴特有的甘蔗酒，有3年的、5年的等，以7年的为上），以麻痹自己的神经。我孤单惶恐地沿海滨大道踯躅。海浪不断地怕打着马雷贡大堤,堤上坐满了成双成对的恋人,他们缠绵着、亲吻着,仿佛在述说着最后的情话。我思念在东方我那相亲相爱、携手共渡难关的丈夫,还有孩子。我的心在颤抖、在紧缩,我感到死神在一步一步朝我走来。我想念我的祖国、我的北京,还有我美丽的校园。

我不知自己是如何回到旅馆的。"李老师!你的电话!"服务员扯着嗓子喊我。我回过神来,跑到前台接电话。是好朋友伊希斯·奥黛罗打来的,她啜泣地告诉我说,她的前夫自杀了,要我陪她一起去看他们的儿子菲戈。我迅速冲回房间,抓起书包就奔出了大门。

从前单身母亲伊希斯·奥黛罗曾多次对我说过,她前夫如何在菲戈5岁的时候抛弃了他们母子,和另一个女人在一起了。20多年后,那个女人跑到美国去了,为了孩子她不计前嫌和前夫恢复了来往。这次她泪眼通红地告诉我,几天前孩子的父亲请求和她复婚,她说:"原谅你可以,但重新相爱是不可能的。尽管我的第三任丈夫去世了,但他才是给了我和孩子安全、幸福和快乐的男人。我珍视这段感情。我怎么能接受你这个伤害我最深的人的请求呢?"她喃喃自语道:"要是我先不拒绝他,只说让我考虑考虑就好了。他怎么可以这样呢?怎么能选择这会儿自杀?"

来到菲戈的家,望着他悲苦的脸庞,我的眼泪"唰"地流了下来,我想到了我的儿子,他和菲戈差不多大。他要是突然失去了妈妈,该和他一样哀伤。回想起来,我一生都在忙事业,忙着在海外教课,忙着出书,忙着陪丈夫去西班牙、南美国家工作……我给孩子的太少太少,欠孩子的太多太多,一想到将没有时间去补偿,我的心就一阵阵地疼痛:"孩子呀,妈妈对不住你!你听得见妈妈的呼唤吗?"伊希斯·奥黛罗把坐在椅子上的孩子紧紧搂在怀里,我将手搭在她肩上紧紧贴着她的身子,忍不住和他俩一起大哭起来。我的心在紧缩,双肩在颤抖……

滚动的龙卷风警报,一日内三番五次地刺激着人们的神经。风越来越大,雨水打在行人的脸上。我无力地倒在床上,望着银幕般的天花板,仿佛看到当年在连云港阻击日寇登陆的战斗中,双手紧握机关枪、趴在掩体中的父亲;看到黑山阻击战中,冒着炮火组织运粮、运弹药、抢救伤员的父亲;看到百万雄师过大江,把红旗插上南京城、插上海南岛的父亲。他刚毅的脸庞、炯炯的目光,在我脑海中久久不散。"啊!爸爸,我亲爱的爸爸!听得到我的呼唤吗?"望着天花板,我的思绪又定格在母亲的身影上,头上飞机盘旋,怀抱着我通过敌人层层封锁线的母亲,她目光坚毅,她勇敢坚强……"爸,妈!我就要去你们那里报到了!"

我慢慢理清了自己的思绪,父母亲在枪林弹雨中勇敢面对死亡的身影让我逐渐镇静下来。我爬起来给组织、给家人写信:"尊敬的王书记、曲校长,尊敬的系领导,亲爱的为民……再见!我亲爱的祖国,再见!我英雄的人民,我亲爱的同志们,永别了!"我已经做好了牺牲的准备,祖国与我同在,五星红旗就在我心中飘扬。

我应做点实事,度过剩下不多的时光。哈瓦那大学外语系的教学楼属于危楼,接下来的日子,学校停课了。我根据学生反馈的意见,在这段时间里修改试用后的《新思维汉语》第二册,并且不分日夜尽可能地完善还未全面试用的第三册。危难中,我开始思念我的学生和同事们,往事一幕幕、一件件清晰地播映着……从第一次(1964年作为北外学生)踏入北语校门,已几十个春秋,我所教过的外国留学生,有不同的肤色,有着或蓝或黑或褐色的眼睛,他们来自欧洲、美洲、非洲、亚洲的几十个国家。

那时候,我只想对我亲爱的孩子们说:"再过几天你们就会得知,当年那个上课时神采飞扬,带你们骑自行车去看京剧的李老师;那个和你们有说有笑,领你们去北京四中找语伴练习口语的李老师,已经跟她那一大帮古巴学生去了另一个世界。"我还开始思念那些在大学旅馆的访问学者——加拿大的吉尔莫教授、美国的希娜教授、德国的斯达莫拉教授……永别了,我亲爱的朋友们!

"但请相信,我的灵魂会安息,因为你们中的绝大部分人已用汉语实现了你们的梦想。你们有的成了各国政府中的中国领域专家,有的成了外交官,有的成了医生,有的成了大学教授,还有的活跃在经济贸易领域与中国关系密切……汉语已成为你们沟通情感、增进友谊的桥梁。你们的老师可以瞑目了。"

风声越来越紧,人们进入"一级战备状态"。大街两侧,20世纪的危楼里,那些居民们投亲靠友,寻找到了其他较为安全的去处。我住的哈瓦那大学旅馆,在那个地区算是比较安全的建筑。所以,周边危楼里的居民,凡是能拉上一点关系的人都会躲到这里来,大厅里挤满了来避难的人。他们要在这里过夜。其中一位丹凤眼、黑皮肤的老太太引起了我的注意,她穿着一条单薄的裙子,没有铺盖。大风"呼呼"的,她不敢回家拿任何东西。我上楼拿了一条毯子和一条咖啡色的裤子送

李艾（二排左四）和哈瓦那大学本科一年级学生，墙上的书法作品为北京语言大学陈大志老师作品

给她，通过聊天知道她是华裔，她的一个侄子曾在大学旅馆当过门卫。

　　风声、雨声、海涛声不绝于耳。几乎所有的地方都停电了，我摸黑回到房间。刚躺下，窗外绝望的人们扯着嘶哑的嗓子唱起了哀伤的歌，还来不及琢磨歌词大意，我就听见一阵急促的敲门声。开门一看，原来是住在二层的德国留学生海希娜。"李老师，我害怕，我睡不着。"我让她上我的床，像母亲那样搂着她。23岁的姑娘惶恐地问我："李老师，我们真的要死了吗？我真的再也见不到我妈妈了吗？"我装作若无其事的样子抚摸着她的头发说："不会的，不会的！好孩子，睡吧！"话音未落，楼上的花盆被吹落，重重地砸在我的屋顶上，我的心紧缩了一下。她哆嗦了一下，把我搂得更紧了，让我给她讲故事。我慢慢地讲了《塞翁失马》的故事。安静下来的姑娘渐渐睡着了。我辗转反侧，到后半夜才睡去。

　　一觉醒来，飓风警报解除了。原来它只是擦着古巴岛的西北角，继而扑向了墨西哥湾，然后直冲美国刮去。事后我们开车去古巴岛西北角的比那尔德里奥，看到一片狼藉：上百棵高大的棕榈树被连根拔起，像火柴棍一样，横躺竖卧地"撒"了一地。十几米高的"A"字形状高压线架子，被飓风拧成了麻花，在不远的山坡上一个接一个躺着。四周的建筑则是一片断壁残垣的景象。真不敢想象，要是……飓风过去了，一切都慢慢恢复了正常，哈瓦那免去一场灾难。东方飘起了彩霞，太阳升起来了，光芒四射，充满了无限的生机和希望。

随后我在国际关系学院义务举办的驻华外交官进修班开课了，学生都在中国留过学。我的愿望实现了，我们开始系统试用《新思维汉语》。后来，《新思维汉语》全三册由外语教学与研究出版社出版了，受到拉美朋友的欢迎。2022年，《新思维汉语》第二版的第一册、第二册由北京语言大学出版社再版了，第三册和第四册还在编辑出版中。

新的教学法经试用取得成功，哈瓦那大学汉语班在作文比赛中取得了好成绩。作为北语教师，我真想到处展示他们的作文，这是北语的荣光，也是我辛勤劳动的成果。

我一手策划、编排和指导的大型汉语表演节目《让汉语插上理想的翅膀》，共有20余位学生带来十多个节目，有古诗朗诵，有女生小合唱《青春舞曲》，有螳螂拳、太极扇、木兰剑表演，还有配乐散文朗诵等。这些节目在2005年1月哈瓦那大学汉语班的结业式上如期上演。

2004年我离任前，哈瓦那大学校长胡安·贝拉·巴尔德斯给我颁布了特别嘉奖令，他说："北京语言大学李艾教授在哈瓦那大学外语系工作两年。在此期间，她在汉语教学方面成绩卓著，是哈瓦那大学开创汉语教学的第一人。李艾教授不仅致力于教学，还在哈瓦那大学、其他机构以及艺术节等场合积极推广汉语和中国文化。在她即将结束在哈瓦那大学外语系的工作之际，本大学很荣幸对她杰出的学术成就进行表彰，感谢她对古巴所表达的深厚情谊，特授予李艾教授哈瓦那大学建校二百七十周年纪念章一枚。"

我用实际行动为北语赢得了荣誉，为祖国争得了荣光，我感到自豪和快乐。

不同的肤色，相同的根

加勒比地区炙热的阳光造就了古巴人的热情，滔滔的海浪孕育了他们豪放的性格。在这块热土上，我遇见了自己的黑人"同胞"，他们就是如此。

每当我走在哈瓦那的大街上，总会听到"China! Bonita!"（中国！美！）的喊声。开始时不经意，我只是报以微笑或说声"谢谢"，然后继续前行，心里还偷着乐——年逾花甲还有人说自己漂亮。

有一次，我穿着正装走在中国大使馆所在的街上，有人冲着我喊："China! Hong Kong!"（中国！香港！）他们在古巴少先队活动站的门口跟我搭讪。我友好地纠正说："我是北京人，不是香港人。"我发现眼前的小伙子，棕黑色的皮肤，一头小卷毛，忽闪着一双大眼睛望着我笑，露出洁白的牙齿。他说："我也是中国人。"我简直不敢相信自己的耳朵，心里嘀咕着："什么？你也是中国人？"这时一个身材姣好的黑皮肤女孩儿凑上来对我说："我也是中国人。你看我的眼睛和你的一样。"我睁圆了眼睛，怎么也不能相信这个黑皮肤、厚嘴唇的姑娘是中国人。于是女孩儿掏出钱包，指着夹层中的老照片，忙不迭地说："你看，这是我的曾祖父。他是福建人。"我注视着这张发黄的照片，看到一张典型的中国南方人的脸，透着年轻人的活力。我倍感亲切。之后，我又看到了不少这样的老照片，"这是我奶奶""这是我爷爷""这是我父亲""这是我姑妈"……真没想到这美丽的哈瓦那竟有那么多黑皮肤的"同胞"。

此后，在同当地人的交往中，我开始留意这些与我"血脉相连"的人，医生、公务员、律师、大学教授、雕塑家、画家、警察，在各行各业的群体中，都不乏黑皮肤的华裔。

天涯咫尺，融融师生情——李艾（中）和学生们

开学了，我的班上来了一个皮肤黝黑发亮的医学博士，她是古巴心血管研究所的研究员，也有中国血统。中国人的那种韧劲儿在她身上表现得非常突出，后来她也成为我们班上最优秀的学生之一。她是"零起点"的学生，但只用了一年半的时间，就能写出1454字的作文介绍她所在的研究所。与医学相关的词语要在第三册、第四册教材中才会出现，所以所有与医学相关的词语，全都是她自学的，而且她的作文字迹清楚工整。只要看看她那两大本课堂笔记，就知道课后她下了多少功夫。两本课堂笔记中有一本是汉字夹杂着拼音的，一本是全汉字的，那密密麻麻的汉字全是她自己根据拼音查字典写出来的。由此可见，汉字教学单成系统，强调偏旁部首，从第一册第一课就开始汉字部件教学的教学思路是正确的。成人学生的自觉性和创造力是不可低估的。

古巴高级党校的校长夫人透着东方人的美丽，她是白皮肤的西班牙女郎与中国福建人的后代。她的一双儿女都学习汉语，他们学习特别认真，写的汉字也十分工整。这第三代华裔从相貌上已看不出东方人的模样了，但他们的血脉中却始终流淌着中国人的血。

古巴国家芭蕾舞团有两名拔尖的独舞演员,一男一女,他们都是中国和西班牙的混血儿,男孩儿高大、挺拔、帅气,女孩儿俊美、柔软、轻巧。他们说,中国人那种吃苦耐劳、百折不挠的精神是他们成功的秘诀。法国有个芭蕾舞团请了一位黑皮肤的男一号,观众都慕名观看他出演的《天鹅湖》,赞叹他精湛超群的芭蕾技巧。他就出自古巴国家芭蕾舞团,据说也有中国血统。

这里还生存着许多华人和华人的后代,他们那永不改变的黄皮肤和黑头发证明他们是"龙的传人"。他们的客家话、闽南话、潮汕话都说得流利,只是不怎么会说普通话。不过他们学起普通话来,也是很快的。他们虽然生着东方人的脸,却具有西方人的思维。他们同古巴人结婚,生活得和谐美满,但骨子里那条根却永远是中国的。他们的儿女大多都学中国功夫,个个是"武林高手"。

中国文化和中国人的精神让我和他们在古巴相遇,不论走到哪里,我们的中华传统美德代代相传。

李艾(中)和古巴国家党校校长家庭班成员合影,其中三个成员有中国血统

李艾（二排右三）和哈瓦那大学武术队的学生们，学生们正在准备太极扇、螳螂拳、猴拳、木兰剑表演

我的爷爷谢唯进

回国休假后返回哈瓦那时，我途经莫斯科去看望学生谢尤娜。使馆教育处的三秘小刘开着车按照谢米东（谢尤娜的父亲）留给我的地址，辗转载我来到了他们居住的小区。来到谢尤娜家门口时，大门紧锁。我们只好叩开邻居的门询问，邻居热情地接待了我们，我这才得知谢尤娜嫁到法国去了。正巧那时谢尤娜生孩子，把妈妈也接过去了，所以我们没有见面。我想起了在北语时见过的那个法国帅小伙儿。时间过得真快呀！转眼孩子们就长大了，要为人父母了。往事涌上心头。

中俄混血女孩儿谢尤娜的毕业论文题目是《我的爷爷谢唯进》，当大眼睛、褐色头发、高鼻梁的女孩儿走进我的办公室，用标准的普通话对我说："李艾老师，您好！我妈妈说请您辅导我的毕业论文。您有时间吗？"我没有直接回答，只说："哦！时间过得真快，你都要毕业了。这几年的汉语学习，感觉怎么样？"她高兴地回答："收获太大了！小时候在莫斯科，爸爸教我说汉语，我坚持得不好，没怎么认真学写汉字，更不要说写文章了。但我做梦也没想到，在北语系统地学了四年，现在居然能用汉字写论文了。这不，老师要求我们至少写2500字呢。"

她母亲娜塔莉娅是我们北语的俄文外教，她来北语任教还是我朋友通过我推荐的呢！作为她母亲的朋友，自尤娜入学，我便是她的家庭教师，每周至少一次去她家给她辅导。辅导是义务的，分文不取，诚挚的友谊而已。直到她毕业，我还经常和他们全家一起聊天，复习说一点儿俄语。

我爱人，新华社记者颜为民，在新华社西班牙马德里分社工作时曾经采访过谢尤娜的父亲谢米东，后来我们就成了非常好的朋友。谢尤娜的爷爷谢唯进是一位对中国革命做出过杰出贡献的传奇人物。他是璧山（现重庆市璧山区）人，1920年到

李艾（左）和爱人颜为民（右）与谢尤娜的父亲谢米东（中）　　李艾（左）和谢尤娜（右）

法国勤工俭学，1925年在德国由孙炳文介绍加入了中国共产主义青年团，1926年转为中国共产党党员。他一直辗转战斗在欧洲，曾是西班牙国际纵队中国支队的队长，属最高决策层的负责人。他通晓法语、德语、英语，又学习了西班牙语。他还曾在德国和英国学过炮兵，在反法西斯的战斗中带领华侨华人兵团英勇拼杀过，特别是在马德里保卫战中曾多次负伤。在国际纵队的战士们撤退时，他被无端地关进了法国境内的古尔斯集中营。在组织营救集中营内中国勇士的地下斗争过程中，谢唯进是核心人物。他也由此结识了谢尤娜的奶奶。

谢尤娜的奶奶叫卡佩娜·谢·安娜，毕业于瑞士洛桑大学医学系，是位出色的大夫。她是坚定的反法西斯战士，共产国际中优秀的地下工作者。1934年，她的主要任务是在巴黎国际纵队招募中心指挥一条地下交通线，负责为大量从东欧过来的志愿者办理去西班牙的护照和相关手续。1940年，由党组织安排，她陪同丈夫谢唯进一同来到中国重庆，在中共南方局做对外联络工作，其间她经周恩来介绍加入了中国共产党。他们变卖了自己的贵重物品，筹集资金，为抗日捐赠贵重药品。夫妇俩在重庆开设了"安娜诊所"，一边看病，一边掩护共产党地下工作。1946年，安娜担任了国民党和共产党和谈时共产党代表团的专职医生，后来在华中解放区任医学顾问。所以谢尤娜要写一写她的爷爷和奶奶。

我让她先写个提纲，然后我们一起讨论论文内容，定在每个周五的下午3点见面。第一稿的提纲是用俄文写的，不过她用汉语谈了自己的想法。我让她自己查字典把提纲全部用汉字写下来。

又一个周五，我们商定了提纲，而后又一起拟定了编写的主要内容：

1. 爷爷的童年和青年时代在欧洲的战斗历程。他徒步穿越比利牛斯山脉，一手拿枪，一手握笔，为宣传中华民族全面抗击日本侵略者的战况，开辟欧洲舆论战场。他冲锋在前，写下大批报道文章，并拍摄了大量的珍贵照片，立下汗马功劳。

2. 爷爷加入了由54个国家的志愿者组成的西班牙国际纵队，被任命为国际纵队炮兵政委，兼任共和军三十五师重炮队队长。他参加了保卫马德里、中线大反攻、东线大反攻的战斗，还参加了强渡埃布罗河战役，战役惨烈，他两次负伤。许多和他并肩战斗的、来自欧洲各国的华侨华人，血洒欧洲战场，并且没有留下姓名。

3. 周恩来离开欧洲的时候，把自己珍爱的一台莱卡相机赠送给他，嘱咐道："看来我们的理想注定我们会天各一方，你用它记录一下值得纪念的人和事吧！我们后会有期！"谢唯进把相机当作战斗的又一利器，留下了上千张照片，真实地记录了

李艾（中）和谢尤娜（右）及其母亲（左）

所亲历的见闻。

4. 朱德、周恩来赠送锦旗一面，上面写着"中西人民联合起来！打倒人类公敌——法西斯蒂！"，鼓舞斗志，支持谢唯进在欧洲宣传中国革命和抗击日本法西斯的斗争。

5. 1939年，根据宋庆龄领导的保卫中国同盟的指示，招募国际援华医疗队队员，谢唯进在集中营内动员集中营内的医务工作者，在安娜的帮助下，国际纵队里有三四百名职业医生报名，愿意参与组建医生团队参加中国战场的医疗服务。因为他们全都是用西班牙护照前往中国的，所以人们一般称他们为"西班牙医生"。这些医生来自不同的国家，包括谢唯进的恩人——为他做腿部手术的捷克医生基什，基什不仅保住了他的一条腿，更保住了他的生命。后来基什也到了中国战场。

6. 爸爸谢米东在中国的求学经历和成长过程。他在北京一直念到高中毕业，中苏关系破裂前，伍修权劝他们母子离开中国，回到莫斯科。爷爷则独自留在了中国，在原成都军区空军系统离休。

7. 爷爷和奶奶的战斗情谊和崇高爱情。他们的爱情是在反法西斯斗争中凝结的纯真爱情，爷爷因拒绝和奶奶离婚，曾被打成"苏修特务"，直到爷爷去世后才平反昭雪。

8. 协助爸爸整理爷爷的遗物，将爷爷宝贵的五万多字的集中营日记和上千张照片，悉数捐给了中国革命博物馆。这本日记永远闪烁着人类正义事业的光芒，2008年由中国国家博物馆编，紫禁城出版社出版，题为《中国勇士血洒西班牙：国际纵队中国志愿军史料集》，是一本大型画册。

经过几个月的努力，谢尤娜的论文终于成稿了。她把《我的爷爷谢唯进》交给毕业班的论文指导教师张剑，得到了好评。经过汉语学院学术小组的审核并获得通过后，谢尤娜开始准备毕业论文答辩。

牧狗人之歌

蓝蓝的天空飘着白云，和煦的阳光照着大地，周围遍布着绿树红花，大地散发出着泥土的芳香。我漫步在哈瓦那生态公园的绿色草坪上，欢快的小麻雀在草丛中跳跃。不远处的大树上，小松鼠蹿上蹿下，我大口大口地呼吸着新鲜空气，脚踏实地、稳步前行的感觉真好。

突然，前方一位牵着三只德国大狼狗的白发老人吸引了我：牧狗人？古巴也有替人照看狗的职业吗？我好奇地走上前去，没想到老人用汉语说了声："老师，你好！"我仔细观察着皓首老人，他戴着一副金丝边眼镜，显然是位文化人，于是我驻足同他攀谈起来。原来他20世纪60年代曾在北语读书，是我们北语武柏索、阎德早两位老师的学生，他的名字是埃利亚斯·莱翁。他深情地回忆着当年汉语课堂的种种情景，并轻声唱起当年武老师教他的歌："社会主义好，社会主义好，社会主义国家人民地位高……"吐字清楚，嗓音浑厚。他告诉我，当年他能认1000多个汉字，他还阅读过西班牙文版的鲁迅作品，对《阿Q正传》和《祝福》印象最深。他还跟我讲了古巴流传的几句有关中国的谚语，这些谚语反映出了中国人的智慧和勤劳。其中一句是"某某人得的病连中国医生都治不了"，意思就是这个人病入膏肓了。他还有名有姓地说出了他认识的几个中国朋友，个个都很勤快。

2010年，是中古建交五十周年，早在20世纪60年代两国建交初期，北语的阎德早、冯芝润、李维籍等几位老师就相继来到这个美丽的加勒比国家，开始播撒汉语的种子。他们满怀青春豪情，培土浇水，精心耕耘，悉心照料。40年后，我来接班教汉语的时候，了解到他们当年任教的林肯语言学校，四五十年来就没有中断过开办汉语班。我来时，学校有古巴移民局的半脱产公务员学生16人、对汉语感

李艾（中）和本土教师（左一）在公务员班的课堂上

兴趣的社会在职学生 32 人。书声琅琅，在哈瓦那大街的任何角落都可以听到"你好""谢谢""再见"。

老人骄傲地告诉我，他曾随古巴友好人士代表团一同访问过中国，受到毛泽东主席、周恩来总理和陈毅外长的接见。他们还照了合影，照片至今还保留在他家里。

自 2002 年 1 月 26 日，哈瓦那大学外语系创办汉学专业以来，中国不断派出汉语教师来到这里，对外汉语教学从未中断。后来，我们播下了更多的种子。2009 年 11 月 30 日，哈瓦那大学孔子学院正式挂牌成立，那时有正式在读的本科预备生 52 人，由北京语言大学派遣的 5 位汉语教师任教，教学成果傲人。2010 年 5 月 20 日，哈瓦那大学孔子学院举办了古巴首届"汉语桥"比赛，9 位参赛选手英姿勃发地展现了他们的学习成果。至今，北语的汉语老师仍在辛勤耕耘。

古巴学生邓小龙（左一）、李艾（中）和书法教师陈大志（右一）在"写春联"活动现场

我向这位老人展示了我教的古巴学生邓小龙的书法作品的照片，有写着"平安幸福""海纳百川"的条幅，也有写着"中古友谊"的横幅。他指着邓小龙说："我认识他父亲，他爸爸是古巴一所汉语学校的教师，我从北京回哈瓦那后，为了不忘记汉语，还去上过他的课呢。林肯语言学校的这些学生中，还有我的两个侄孙，他们现在都在古巴海关工作。"

老人有中国情结，因为他青年时代学过汉语。他回忆说，1968年他26岁时，应太平洋酒楼老板弟弟的邀请，带着女朋友吃了一顿中餐，中国菜太好吃了，那滋味几十年过去仍长存在记忆中。20世纪60年代，中国自己制造的解放牌汽车运到古巴，一群年轻人围着汽车问长问短的情景，他至今记忆犹新。

几十年来，他对中国文化一直保持着浓厚的兴趣，我们用西班牙语交谈着，夹杂着他还记得的汉语，不时转换话题。我们谈到中国的改革开放，谈到中国经济的突飞猛进，谈到2008在北京举办的奥林匹克运动会，还谈到古巴的社会主义教育体制和医疗体系。当我们谈到2009年中华人民共和国成立六十周年大阅兵的电视节目时，老人竖起大拇指连连用汉语说："了不起！了不起！"他认为中华民族是了不起的，中国人民用自己的双手创建自己美好家园的同时，还不忘帮助第三世界的人民。然后，他还列举了中国援建古巴的多个项目，也告诉我这里的人们看得见的生活必需品几乎都是中国制造。

  在此，我替埃利亚斯先生向他的中国老师致敬并问候。埃利亚斯先生告诉我，他原先在古巴海关工作，现已退休，每月的退休金是286古巴比索。我吃惊地注视着那三只肥硕的大狗，问："它们吃什么？"他对我说，这三只狗是他女儿寄养在他家的，狗粮是用女儿从西班牙寄来的钱买的，女儿的钱也有一部分是补贴他们的生活的。他已是古稀之年，但还在打听哈瓦那大学孔子学院什么时候为社会上对汉语感兴趣的人开设汉语补习班呢！

邓小龙（左二）与李艾（右二）合影，展示自己的书法作品《平安幸福》《海纳百川》

"叙利亚夜莺"之子

——汉语歌王吴迪

2015年8月21日的晚上，当时汉办的严美华主任突然给我打来电话说："李艾，你快看电视！你的学生吴迪在来华留学生'汉语桥'比赛中入围，进入前五名了！"果然还是那张熟悉的小脸，浓密的黑头发，高高的鼻梁，只是稍稍胖了一点，是上海的大米、可口的中国菜改变了他的模样，人长大了，汉语说得更流利、更自如了。作为他的启蒙教师，我为他终于实现了来中国留学的梦想而高兴。

荧屏上，他饱含真情地朗诵了余光中的《乡愁》，令当场的评委和观众为之动容。他是"汉语桥"在华留学生比赛上海赛区的第一名，来北京参赛时的才艺表演环节，他唱了一首汪峰的《飞得更高》，那浑厚的嗓音、准确的音节，博得了全场掌声。

我从电脑里调出了当年在哈瓦那帮他修改过的那篇发言稿，往事又都浮现在眼前。

让梦想插上勤奋的翅膀

小时候，妈妈经常给我讲有关中国的故事，给我看那些介绍中国名胜古迹的杂志和明信片。那时我经常在梦里看见宏伟的故宫、庄严的天坛和秀美的颐和园。在梦里，我登上了万里长城，我漫步在西安的碑林和兵马俑博物馆。古代中国人创造的奇迹，震撼着我的心。有时我会梦见我有一双隐形的翅膀，带我飞到了苏州、杭州，飞到了少林寺、龙门石窟和长江三峡。中国的园林艺术和雕刻艺术深深地吸引着我。在梦里，我几度笑醒，因为我看到了哈尔滨的冰灯、冰雕，看到了桂林的石林、岩洞和漓江的渔舟晚霞。我展开奋进的翅膀飞向辽阔的内蒙古大草原，跨上骏马驰骋在开满野花的草原上，奔走在我梦中向往的中国。

汉字写起来就像画画一样好看，汉语说起来就像唱歌一样动听，我渴望着能去中国留学。从此我便开始更加努力地学习汉语，我觉得学习汉语非常有意思。

哈瓦那大学有280多年的历史，2002年创建了汉学专业，从2005年起招收本科生。我就是其中的一员，现在在哈瓦那大学孔子学院学习汉语和中国文化。越来越多的古巴人怀着浓厚的兴趣学习汉语。我对中国文化的兴趣越来越浓，在学习的过程中掌握的知识越来越多。

我想借助"汉语桥"这个舞台，来感谢生活，感谢所有教过我的汉语老师和世界各地的对外汉语教师，是他们帮我们大家实现了梦想。

哈瓦那大学孔子学院全体师生参加汉语歌曲联唱，指挥是学生吴迪

吴迪（中）在认真听课

记得那次赛前吴迪一字不差地全都背下来了，语音是经过教师逐字逐句纠正过的。可是当时由于紧张，他在讲述过程中忘词了，但这次他的发言是那样流利自如。我们通了电话，孩子长大了，也进步了。他这次是以古巴国防部汉语翻译的身份来中国进修的，在上海昆山的一所军事院校学习已经一年了。这次他再次冲刺"汉语桥"，进军北京。

2010年，他是哈瓦那大学孔子学院本科二年级的学生。我们参照北语的课程设置，因地制宜地制订了适合哈瓦那大学孔子学院的教学进度表，并细化到了每周的进度。哈瓦那大学孔子学院后来又陆续开设了公务员班、成人周末班，学生人数增加到208人。教师的人手不够，工作量也越来越大。

记得2010年的一天，吴迪把他准备参加"汉语桥"比赛的初稿交给了我，后来没几天他父母请我去了他们家。他家有一个神秘的院子，还有一栋非常普通的楼房——一套不大但却非常干净的单元房，屋内的摆设简洁明快。坐下来深聊，方知他父亲竟是某警卫局的局长，生活俭朴而自律。他母亲是个叙利亚姑娘，有一副黄莺般的歌喉，说着说着她便唱了起来，一首接着一首，会唱好多个国家的歌。我们还一起用俄语唱了《莫斯科郊外的晚上》。我这才明白为什么吴迪那么会唱歌，还被班上同学誉为"情歌王子"。数得上来的汉语歌，他会唱30多首，所有的歌词都背得下来，而且吐字清楚。

　　2010年10月28日，时任北京市委副书记的王安顺来到哈瓦那大学孔子学院，同该校学生会面、交谈。因为我们刚刚搞过"汉语桥"比赛，所以孩子们讲话都很流畅，特别是一篇《我爱中国》的演说词让中国客人听得津津有味。王安顺对古巴学生的汉语表达能力大为赞叹，连声说："太棒了！太棒了！"代表团成员翻阅了学生们的汉字本，对学生们工整的汉字书写和规范的格式赞不绝口。王安顺感慨地对其随行人员说："他们的字比咱们中国的一些小学生写得还要好！"又是一阵掌声。学生们还用汉语唱起了中国流行歌曲《彩虹》和《童话》，中国代表团中的年轻成员也情不自禁地加入了这一合唱行列。王安顺见此情景，十分高兴，不断表示欢迎他们来中国、来北京。有的学生听后兴奋不已，哼起了《北京欢迎你》这首歌曲。在这些演唱过程中，吴迪表现得都很出色，于是我安排他指挥了我们孔子学院全体师生的大合唱。2010年，在庆祝中古建交五十周年时，我们师生同台用汉语演唱了《美丽的哈瓦那》《友谊地久天长》等歌曲，女同学还表演了中国的扇子舞和红绸舞。孩子们的表演受到了古方官员和使馆人员的高度赞赏。

　　这次吴迪实现了登上长城的梦想。他毕业前夕，来到北京，去了所有的景点。在天坛游览时，他给我打来电话，说原本打算来学校看望我一下，但北京太大，好看好玩的地方太多了，安排不过来。"下次吧！老师，再次感谢您！没有您当年的辛苦付出，就不会有我的今天。我相信今后我还有机会到北京常驻工作，那时我再去看望老师。"

　　放下电话后，我心情久久不能平静，我点燃了火种，必会有燎原之势；我浇灌了幼苗，看到了成片的树林；我放飞了希望，收获的是喜悦。教师年复一年地在三尺讲台上、在课余活动中答疑、解惑、劝导、指引，换来的是一批一批汉语人才的茁壮成长，他们稚嫩的肩膀扛起了重担，活跃在不同的岗位上。他们每一次立功获奖，每一次晋升高就，都会给我传来喜讯，我能不高兴吗？

　　我知足常乐，我奋进前行，我的晚年何等充实快乐！

古巴高端人士沙龙

我们哈瓦那大学孔子学院同古巴作家与艺术家协会联合举办了"高端人士沙龙"。我们根据作家、画家、艺术家等人士的要求,用西班牙语讲授中国文化,主要包括《论语》《道德经》《易经》等的主要思想,以及中国的十二生肖和成语故事等。这个沙龙是周期性的,每个月两次,都在周末。主讲人颜为民曾长期在拉美从事新闻记者职业,此次是以教授的身份受聘于北京语言大学。他用西班牙语讲授中国文化,深受古巴高端人士的欢迎。

为配合中古建交五十周年纪念活动,我们还举行了"中国电影周"的活动。每周放映一部电影,连续放映了两个月,哈瓦那大学孔子学院放映了张艺谋执导的《满城尽带黄金甲》《十面埋伏》《大红灯笼高高挂》等8部电影。这一活动让古巴学生更加形象地了解了中国。

除此以外,我们还举办了"中古建交五十周年历史图片展"。古巴是第一个同我国建交的拉美国家。从1960年11月切·格瓦拉以古巴国家银行行长的名义访华,到1995年12月时任古巴国务委员会主席的菲德尔·卡斯特罗访华并参观深圳中华自行车厂,几十年间中古两国友好往来的图片数不胜数,但解说词只有中文的。于是我们孔子学院把上百张历史照片都配上了西班牙语解说词,其工作量之大是难以想象的。翻译工作由老将颜为民先生承担,年轻教师协助打字并制作解说词条,贴到每张照片的下边。此次图片展真切地记录了中古两国在文化、体育、科技、军事等领域的良好合作,既包括双方领导人的多次互访,也包括中古两国人民和艺术家的多次合作。当年毛泽东主席、周恩来总理、陈毅外长接见古巴芭蕾舞大师阿丽西娅·阿隆索的巨幅照片特别醒目,那时他们还观看了古巴国家芭蕾舞团的精彩演出。

颜为民先生（右一）正在用西班牙语讲授中国文化

哈瓦那大学孔子学院的青年教师个个吃苦耐劳，工作积极肯干。他们的工作安排是上午上课，下午学习西班牙语，基本上所有业余时间都要辅导学生参加作文比赛、演讲比赛和"汉语桥"比赛并做相关准备工作，工作量很大。特别是办暑期班时，他们三个月的假期只休息了一个月，其他两个月都得义务上课，是没有加班费的。古巴提倡义务劳动和无私奉献，他们所有的人，包括领导都自愿参加周六的"义务劳动日"，他们都要为自己的单位做些事情。我们的青年教师，绝大多数都能入乡随俗，不计较个人得失，大家都很努力，成绩显著。

纵璨是一个乐观、豁达的姑娘，自我约束力极强。她以身作则，团结同学，彰显团队精神。她努力学习西班牙语，巩固提高研究生一、二年级学到的汉语语法知识，并把所学运用到教学实践中去。白玉本科学习的是英语专业，之后成了对外汉语研究生，同时刻苦学习西班牙语。在古巴，上网困难，经常停电，买不到好的牛羊肉。她能够努力适应这种艰苦的生活环境，从不叫苦，自主出色地完成领导布置的工作。李亚楠是一个外表柔弱，实际无比坚强的女孩。她备课认真刻苦，辅导学生朗诵、唱歌、写作、搞活动，样样优秀，能和所教的学生打成一片，还曾自掏腰包为集体做贡献。叶雅玲则是一个能吃苦且热爱汉语教学的姑娘。她备课认真，教学严谨。她们班的学生在 HSK 模拟考试中全部通过了二级，个别的达到了三级。她还经常主动要求免费给生病的老师代课。

我们愉快而有成效地工作着。往事历历，无怨无悔。我们曾携手同心，一步一个脚印地走过来，后继者还将脚踏实地地走下去……

颜为民先生（中）和教学出色的孔院青年教师

李艾（二排左一）和青年教师们

阿丽西娅·阿隆索的中国情结

世界著名的芭蕾舞大师阿丽西娅·阿隆索是古巴人民的使者，她曾多次率团访问中国，成功地把中国音乐《彩云追月》作为背景音乐，植入现代芭蕾舞剧《舞者》。

我和阿丽西娅结识于 20 世纪 80 年代初期，当时我作为新华社驻哈瓦那分社首席记者的夫人，第一次去古巴工作。2002 年和 2009 年，我又先后作为哈瓦那大学汉学中心首任汉语教师和孔子学院中方院长在古巴工作。此间，我多次有幸和阿丽西娅接触。其中，有一次见面让我觉得最为激动人心。

2010 年 7 月 7 日下午 1 点 50 分，阿丽西娅·阿隆索的办公室大门打开了，当我们再一次走进大师办公室时，眼前为之一亮——阿丽西娅·阿隆索依然那么光彩照人，精神矍铄。她身着白色的衣裙，头上扎着红色的头巾，一条大红的纱巾搭在双肩上。我脱口说出："祝您 90 岁大寿快乐！"她连连摇头说："No! No! No! 对不起，请将'0'去掉！我今年 9 岁！在中国文化里，9 不是个非常好的数字吗？"我把中国第一位《天鹅湖》里白天鹅的扮演者白淑湘老师的礼物，当面交给了大师。那是一方紫红色的金丝绒大披肩，上面用金色丝线编织着美丽的花纹。她用手摩挲着柔软光滑的披肩，然后贴在右脸颊上说："真柔软！"我顺势把披肩披在她肩上。我们把中国著名芭蕾舞家白淑湘的亲切问候带给了她。

我们落座后，她轻松地谈到她到过的北京、上海、广州、西安等城市的风貌，以及中国的小吃和土特产。她回忆了她在广州用残存的视力看完《红色娘子军》后的感受，说："在芭蕾历史上，第一次出现了拿着刀枪的足尖舞，很精彩，你们太了不起了！"大师对中国和中国文化情有独钟。最后她问我："你们孔子学院能不能帮助我们请一位舞蹈家，在芭蕾舞剧《舞者》中增加一些中国元素？为即将到来的中古建交五十周年的庆祝活动再添色彩。"

孔子学院有讲好中国故事、向世界宣传中国文化的责任，所以我爽快地答应了。于是，我联系了北京市舞蹈家协会，协会告知我们，他们决定派一位舞蹈教师来古巴。可是时间一天天地过去，那位舞蹈教师的签证迟迟办下不来。时间来不及了，我只好赶鸭子上架。请示使馆的文化参赞后，我来到古巴国家芭蕾舞团排练大厅，参与该团正在进行的以中国音乐《彩云追月》为主旋律的芭蕾舞剧《舞者》最新版本的排练。排练教练玛尔塔告诉我，孩子们天天盼着中国老师的到来。我告诉她，我是汉语教师，只是个业余舞蹈爱好者。

整个假期我几乎天天都去排练场，先教孩子们中国舞的舞步，把中国元素植入《舞者》的新版本中。我还抓紧中间休息的时间教孩子们学说汉语，让中国风吹进

李艾（右）和阿丽西娅·阿隆索（左）

芭蕾舞的排练场。

随着《彩云追月》的优美旋律响起，三个古巴姑娘和三个古巴小伙子踏着东方乐曲的旋律，舞出源于西方的芭蕾。他们一边舒展地旋转和跳跃，用精湛复杂的舞步展现技巧，一边用夸张的肢体语言和表情，表现出幽默、优雅、诗意和充满生活情趣的年轻人的故事，现代气息扑面而来。而点缀在西方经典芭蕾舞蹈动作之间的新颖的东方式的动作，让观众耳目一新。他们生动而准确地演绎出了这首中国乐曲的意境，中西文化交融得如此完美，舞蹈和谐、舒展，令人陶醉。《舞者》成了迎接中国客人的特别保留节目，到访古巴的多位中国国家领导人都观看过这一节目。

2010年，正值中古建交五十周年之际，《舞者》和经典的古巴芭蕾舞剧《天鹅湖》《堂吉诃德》在哈瓦那各大剧院巡演。

在古巴国家芭蕾舞团的庆功晚会上，节目一个个进行。中间，大家让我出个节目，于是我穿上红色练功服，表演了木兰剑的一种——长穗剑。东方武术的新奇展现，让在座的全团演员耳目一新，我的表演获得了热烈的掌声。我还用西班牙语简单讲述了花木兰替父从军的故事，再次获得掌声。

坐在第一排中间的阿丽西娅·阿隆索和她的丈夫起身和我握手，向我表示感谢。我为祖国的传统文化而自豪。

在哈瓦那，我的住处附近就是芭蕾舞博物馆。出于对舞蹈的热爱，我经常去参观。我在那里结识了馆长秘书玛尔蕾内女士，还有阿丽西娅的专职摄影师楠希女士。皮肤雪白、俊美大气、鼻梁高挺、忽闪着大眼睛的楠希女士介绍我认识了古巴作家与艺术家协会的主席。主席欢迎我观看他们协会领导下的古巴交响乐团、现代舞团、芭蕾舞团、话剧团的演出，也欢迎我参加作家和艺术家沙龙的所有活动并和他们交流。

活动期间，我结识了古巴著名华裔女画家邝秋云，她的父亲是广东人，母亲是西班牙人。她喜欢风筝、灯笼，还喜欢汉字，她的画作中有不少这样的中国元素。她嫁给了有西班牙血统的古巴画家，但强大的中国基因使她的儿女长着东方人的脸。她的女儿开了一间画坊，文房四宝一应俱全。我在她的画坊，免费开了一个汉字书法班。在那里，我教大家写汉字，学员们学习得极为认真。前来学习的有文化部的官员、出版社的编辑、博物馆的管理员、芭蕾舞团的工作人员等。有位叫阿达的《舞蹈》杂志的编辑,常来画室聊天,并且经常随意写上两笔。她的儿子是阿丽西娅·阿隆索芭蕾舞学校的学生,每天放学都会来找她。自从中国风吹进芭蕾舞团的排练场后,来这里学习汉语的姑娘和小伙子们越来越多。我告诉他们:"学些汉语,认些汉字,将来你们去中国演出、旅游都方便。"果不其然,这里的很多青年舞者都作为芭蕾舞团成员于 2012 年 4 月来北京的国家大剧院进行了演出。

我和我的这些学生在北京长安街上的国家大剧院的地下排练场重逢了。大家高兴地拥抱、贴面、欢呼、雀跃,叙述着离别后的方方面面。

在恢宏气派的国家大剧院里,我同全场的观众一起观看了古巴版的经典舞剧《天鹅湖》。剧情跌宕起伏,配合默契的男女主角不停炫技。四小天鹅出场,轻松欢快,整齐划一。超强阵容的 20 多个扮演白天鹅的群舞,体态娴娜,队形变化令人不觉赞叹,美到极致。我学生们的一张张笑脸闪现,让我目不暇接。青年舞者们的

李艾(二排左二)和青年教师纵璨,以及年轻的舞者们

李艾（右四）和芭蕾舞团的成员在北京相逢，摄于国家大剧院地下排练场

妩媚身姿、精湛舞艺，特别是独舞演员的炫技表演，让中国观众赏心悦目，沉浸在无比的欢乐之中。

完成演出任务后，他们游览了故宫、天坛、日坛、月坛。他们在天安门前留影，在颐和园、圆明园照相。他们还参观了美术馆和北京舞蹈学院，用学过的日常会话，笑容满面地同中国人打招呼、交谈、开玩笑。还逛了王府井、前门、大栅栏和天桥……他们看路标、看街名、看艺术品的标签，都用上了学过的汉字。学生们在购物、品尝美食、买纪念品时，还会用汉语讨价还价呢！我高兴，我自豪！

2018年，伟大的艺术家阿丽西娅又以98岁的高龄率团访问了中国，在上海、大连等地演出，这是她最后一次访华。一袭大红盛装的阿丽西娅，由两个年轻的男演员搀扶着一同谢幕时，台下掌声雷动，经久不息。

2019年10月，古巴国宝级的芭蕾舞家阿丽西娅被召回天国。从此，天堂里多了一位"舞神"，人间失去了一位大师。

阿丽西娅生于1920年12月21日，在她一百周年诞辰之际，古巴驻华大使馆举行了庆生酒会，以表纪念。

艺术没有国界，人的心灵没有国界。

阿丽西娅一生获奖无数，拥有太多头衔，但她最喜欢的是"芭蕾舞演员"这个称号。在她看来，跟着音乐起舞，用肢体语言诠释各种不同的人生，是世上最美妙的事。从演绎"无人可以超越的《吉赛尔》"，到缔造国际芭蕾舞界公认的古巴流派，阿丽西娅是芭蕾世界当之无愧的传奇。

儿童美育教育的楷模

——记哈瓦那北达斗区贝贝舞团

哈瓦那梅亚剧场的舞台上灯光灿烂，贝贝舞团近200名4～14岁的儿童结束了当晚的演出，正在谢幕。五颜六色、款式各异的舞裙，珠光闪烁的拉美各国的头饰，映衬着小姑娘们漂亮的脸蛋儿。孩子们秩序井然地按个头高矮、年龄大小排列开来。舞台上生机盎然，孩子们像盛开的鲜花，脸上绽放着笑容。

台下观众起立，雷鸣般的掌声经久不息。台上的小演员陆续走下舞台，走到观众席中，绕场一周，与观众一一握手、亲吻脸庞、拥抱，接受观众的祝贺和感谢。孩子们从小就感受到了付出辛劳后获得回报的喜悦，激发起更加勤奋地学习、练习的热情。

类似这样的演出是经常性的。哈瓦那国家剧院、卡尔西亚·罗尔卡大剧院、阿斯特拉斯剧院及各种文化中心和俱乐部的舞台，是孩子们成长、欢娱的天地。乐观、开朗、大方、有组织纪律性、团结互助、不嫉妒别人等美德就在这优美的旋律和轻盈的舞步中逐步形成。

每周三个下午的练习丰富了孩子们的课余生活，每月1～2次的演出锻炼了孩子们面向社会、服务社区的能力。古巴孩子个个大方，不论是接受电视台的采访，还是回答旅游团和代表团的提问，抑或是在成百上千人面前发表简短讲话，他们个个口齿伶俐，语言自然流畅。不管在什么场合，只要听到音乐、鼓点、沙球、三角铁的旋律，孩子们便会闻乐起舞，张张笑脸在舞动的旋律中绽放。这与培养和训练方式密切相关。在古巴，类似贝贝舞团的学校已形成规模，成百上千的孩子自幼就受到美学方面的良好教育。

我在哈瓦那时，贝贝舞团的孩子开始学跳中国舞，或是学习西班牙、古巴及其他一些拉美国家的舞蹈。中国的服装、头饰、扇子经常在古巴电视台的荧屏上舞动，中国木兰剑的一招一式被两个古巴小姑娘学得有模有样。中国音乐的旋律已回响在哈瓦那国家剧院的大厅。在中国音乐、舞蹈的浸润中，古巴孩童开始接受中国传统文化的影响，激发起对中国文化的兴趣。

孩子们的舞裙全出自家长的双手，帽子和头饰也都是母亲一针一线缝制起来的。孩子们跳古巴的伦巴舞、巴西的桑巴舞、智利的昆卡舞、秘鲁和哥伦比亚边界的萨尔萨舞等各种各样的舞蹈。然后，孩子们还学习了中国的剑舞、扇子舞和秧歌。不仅如此，贝贝舞团还融合了瑞典、俄罗斯、芬兰的舞蹈表演，舞团的表演风格逐步国际化。

我有幸和孩子们共同度过了几年的快乐时光，他们充实了我的业余生活，舒缓了我心中时而产生的思乡、烦躁的情绪，让我保持工作的热情，完成在哈瓦那大学的教学任务。

李艾（一排右一）和贝贝舞团演出归来的孩子们

李艾（左）和学生练习扇子舞

李艾（前）和学生练习舞剑

李艾的学生练习演唱《青春舞曲》

李艾（左一）和正在准备才艺表演的学生们

老师最大的幸福

——写在 2010 年教师节

"春蚕到死丝方尽，蜡炬成灰泪始干。""你照亮了别人，燃烧了自己。""你放飞的是希望，守候的是孤独。"作为一名老教师，我认为："我播下的是良种，守候的是硕果。"我常常在想：当我两鬓添霜，仍挥舞着教鞭，活跃在海内外的课堂上时，是什么动力在支撑着我？看了下面的信，大家就会明白教师这个职业是多么神圣。学生带给我的快乐，是任何东西都换不来的。

亲爱的李老师：

你好！对不起没有早给你写信，作为一个妈妈，我的生活特别忙，照顾孩子是个没有休息时间的工作。除了这个原因以外，还有别的原因，就是上次和你的会面对我影响太大了，每次想起那一天我都觉得好激动，所以心里很乱，没法儿清楚地说出我的心中所想。现在过了快一个月，我平静了。你属于我的过去，你属于我的青年时代，你代表着一个对我很重要的时间。我们认识的时候，我刚 23 岁，第一次离开家，一个人在中国觉得很艰难，可同时也觉得很有意思，可以面对新的世界，可以挑战自己！那时候我还年轻，不知道未来是怎么样的，什么都可以想象，什么都可以希望。正是在那个奇妙的时期，我遇到了你，在我眼里，在我心里，你代表着善良、友谊、希望、榜样。你对我的关照让我感到很荣幸，你帮助我成人，你是我成长过程中坚固的砖。难过的时候，你给了我可靠的支持，我一辈子都忘不了。你给了我母爱。

现在我长大了，结婚了，生了孩子……达到了大部分我认为是最重要的目标，我有幸福的生活。可是有时候，我想念在中国的感觉，那种冒险的精神和见到新事物的惊喜。我们在北京见面的时候，你像一位美丽的仙女，用你的魔杖装点了奇妙的时间。太感谢你了，李老师！

我想写的内容还有很多，但是不知道用汉语是否可以表达出来我想说的，不过我知道你特别理解我的心，我不用说太多。如果我是个有才华的作家，我也想写写关于这次会面的文章，可是我不是。希望你能写，我觉得这么难得的事值得写下来。

离开北京之前我买了你的两本书，你真有教学的天赋！希望将来我也能为汉语教育做出贡献。

你的学生 Laura

2009 年 9 月 3 日

那是一次意想不到的会面。我正收拾行囊，准备奔赴古巴任哈瓦那大学孔子学院的中方院长。突然接到一个电话，耳边响起了一个熟悉而又陌生的声音，熟悉是因为似曾相识，陌生是因为确实久远。

"李老师，我是意大利的劳拉，你 15 年前的学生。"

当我缓过神来，想起了对方是谁："劳拉，我亲爱的孩子！你在哪儿？"我急切地问。

"我在北京，住朝阳区。我爱人和我的两个孩子都来了，我们很想见你，还有你的丈夫！"

啊，当年那个白皮肤、黄头发、蓝眼珠的意大利女孩儿，那个汉语发音极好的小姑娘，已长大成人、已为人妻、为人母了。15 年了，她记得我，居然还找到了我。她和我描述了她特意跑到北语汉语学院办公室找到我的联系方式后的欢欣和喜悦。

"你现在常驻北京工作吗？"

"不，老师，我也和你一样成了一名汉语教师，我在意大利教汉语。我们见面吧，我会告诉你一切。"

她坚持要全家专门来看我，我说："你拖儿带女不方便，还是我和老伴儿去你们

李艾（二排左二）和劳拉的一双儿女

那儿吧！"于是我们有了这次久别后的重逢。

  张开双臂，我们紧紧拥抱，兴奋地跳跃，凝视彼此的双眸，寻找昔日的痕迹。我们百感交集。一个成熟的母亲站在我的面前，那微笑，那面颊上浅浅的酒窝，还是15年前的那个意大利女孩儿。眼下，5岁的男孩儿和3岁的女孩儿在房间里嬉戏打闹。一个英俊的小伙子走上前来同我们握手，这就是她的丈夫。眼前这幸福的一家，让我打心眼儿里高兴。

  往事并不如烟，当年那个学习努力、回答问题积极、操一口流利普通话的金发姑娘，又浮现在我眼前。我教她认字、读书、写文章；我也教她唱歌、游泳、打排球；我还带着她们全班骑自行车去看京剧、听音乐会；我们一起远足，爬香山、逛植物园、钻进樱桃沟……一天晚上，劳拉眼含泪水敲开我的房门，"哇"的一声扑进我的怀里……一次，她又满腹心事地来到我家……这一幕幕，我都不曾忘却，那些情景又回到我的记忆里。我们留下了一串串银铃般的笑声，度过了那么多美好的日子。时光流淌，她快乐地毕业了……我是个酷爱教书的人，从不后悔选择对外汉语教师这一职业，甚至上课有瘾。我在北语的讲台上一站就是几十个春秋，教过几十个国家的外国留学生。我在西班牙语地区多个国家教过各式各样的学生，其中有政府官员、大学教授、学者、画家、诗人、作家、企业家，甚至包括顶级名模辛迪·克劳馥。在教学的过程中，在同学生的交流沟通中，我能咀嚼百味人生，有过各种各样的快乐，也为他们分担了不少烦恼和苦闷。作为他们的老师和朋友，我做了我应当做的，从中我也收获了作为老师最大的幸福和快乐。

当看到一个从"零起点"开始学习中文的孩子，一笔一画地学写汉字，刻苦地朗读汉语的字、词、句子，到熟读课文，朗诵唐诗宋词，再到坚持数年、数十年后，用流畅的汉语写出感人的信件，如文章开头那封信时，我怎么能不感动、不流泪？她文采飞扬，情感真诚。她在异国他乡成了汉语教师，对我来说，这是多么大的回报，多么大的激励啊！

学生的成功，是我幸福的源泉。

西班牙学生莫帝和他的戏剧教学法的胜利

　　转眼已经很多年了，但一切仿佛还在眼前。2015 年，北语汉语学院优秀硕士研究生代表莫帝穿着硕士服、戴着黑色的硕士帽，站在毕业典礼的讲台上，用地道的普通话代表所有毕业生发表着热情洋溢的演说："感谢母校对我们的栽培！感谢各位任课老师的谆谆教导！你们大量时间的付出和'爱生如爱子'的精神一直深深地感动着我们。感谢后勤工作人员变着花样做出可口饭菜；感谢清洁工人清扫出干净整齐的校园；感谢园艺工人培育出五颜六色、争妍斗艳的花朵，把校园装点得像花园一样。阶梯教室、图书馆、花园内的座椅上，到处都有师生交谈的场景和老师们诲人不倦的身影。"他代表大家回顾了在校时紧张的学习和强身健体、开展各项体育活动的情景。他说他特别怀念表演汉语节目的快乐时光，还历数了外事处的老师们带领他们走遍了中国的名山大川、江河湖海，乘坐飞机、高铁、火车、大巴遍游南北东西的语言实践活动。

　　他标准流利的普通话、浑厚的嗓音至今仍在我耳边回响。我还记得他 HSK 六级考出了很高的分数。

　　莫帝是个酷爱学习语言的学生，他的母语是西班牙语。他的英语也很流利，发音标准，托福考试 109 分、雅思考试 8 分、托业考试 915 分，他还通过考试拿到了剑桥大学熟练英语证书和三一口语 12 级证书。2002—2003 年，他在法国拉罗谢尔大学留学一年，法语口语达到中级水平。另外，他的葡萄牙语和意大利语也都达到了中级水平。如此种种，尽显他的语言天赋。

　　他在北语上学的时候，经常到我家来。在为母语是西班牙语的汉语学习者编写《新思维汉语》时，我在编写内容、编写顺序、语法点的讲解方面，特别是中西语

李艾（左）和西班牙加利西亚国立语言学校教师莫帝博士，摄于北京语言大学

言、文化的对比部分都征求过他的意见，他是我这部教材的第一批读者。当然，作为教师，我也传道、授业、解惑，我们用汉语谈论比较深入的话题时，他的理解都是没有问题的，我们谈得很融洽。

我们谈到过西班牙汉学家兼藏学家毕隐崖，他是巴塞罗那自治大学的教授，在马德里有一个藏学研究所。我问莫帝："毕隐崖1978年曾翻译出版过鲁迅的《呐喊》，1990年翻译了张贤亮的《男人的一半是女人》，1992年又翻译了冯骥才的《感谢生活》。你读过吗？"他说他只读过《男人的一半是女人》。

我还告诉莫帝："毕隐崖出生在西班牙一个知识分子家庭，从接触汉语那天起，他就爱上了汉语。他翻译的《杜甫诗歌选集》曾获奖。1998年毕隐崖又翻译了《老子》《庄子》《列子》，这些均已出版。"莫帝说他看西文版的《道德经》时，曾参考了毕隐崖翻译的《老子》，这本书对他理解《道德经》的精髓相当有帮助。

我们还谈到毕隐崖先生由藏文翻译成西班牙文的《米拉日巴传》《达赖喇嘛六世诗集》。他说:"这我还真不知道,这不,刚刚听老师说,以后找来读读。一定很有意思。"毕隐崖还写了长篇小说《雪域旅行记》,有助于西班牙语地区的读者了解中国西藏人民的生活、信仰和文化。

这么丰富的内容,我们完全用汉语交谈,莫帝的汉语发音相当标准,知识面很广,对中国的事了解得很多。他每次来我家,都会带来许多马路新闻,我们常常乐得前仰后合。

我喜欢外语,北语"小联合国"的外部条件,让我有机会和外国学生对话。莫帝一个人就做了我的语伴,帮我重拾法语和西班牙语,还帮我提高了英语水平。

莫帝从北语毕业后在北京工作了一段时间,他充分利用了自己的特长,所以他的工作其一是教汉语——他分别在北语速成学院、北外培训学院、清华中文系实习,教授汉语,并巩固提高了自己硕士期间所学的知识。其二是教授西班牙语,他在工商银行、中石油、中石化、中国联通、人大附中、北京第109中学、北京古城中学、清华大学、北京理工大学都教过西语课,还在北语出国部做过西班牙语培训教师。2007—2013年,他一直在北京塞万提斯学院教西班牙语,兼任TELC(欧洲语言证书)考试考官。其三是在西班牙驻华使馆当行政主任,2012年,他参与策划了"西班牙语日"的全部活动,充分显现出他超强的组织能力和交际能力。我应邀参加了他们的两场活动,看着自己的学生用各种语言接待来宾,特别是用汉语接待中国的访客时,多位来者异口同声地赞叹:"你的发音真好!哪儿学的?""北语!"站在一旁我从内心洋溢出的那种喜悦是无法用言语来表达的。他还是鼓楼南大街的对外汉语人俱乐部的常客,经常在那儿做各种讲座。

2018年8月,莫帝自费来中国为他的博士论文《戏剧教学法在汉语教学中的应用》收集实例、数据和理论根据,准备完成他博士论文的写作。2019年,他在北语汉语速成学院用他的教学法上课时,邀请我和经贸大学的李宁老师去听他的课。我们又见面了。课堂就是舞台,他做导演,自编自导一个个有趣的小品。在北语教授曹文和速成学院领导的帮助下,在北语进修的不少海外汉语教师前来充当学生,上莫帝的课。他强调学生的创造性思维,把话语权交给学生,让每个学生都有说话的机会。他充分利用了拍摄电影和表演话剧、小品、相声的手段,放录像、视频让学生模仿，指导学生演员即兴表演小品。课上得有声有色，教学效果极佳。这些海外进修教师都表示，回国后也会用他的戏剧教学法上课。课上完了之后，他还认真征求了我和李宁教授的意见。

记得他毕业后的一天，北京语言大学西班牙语教师周钦说她北京大学的朋友请她帮忙找一位西班牙语外教，所以她问我有没有合适的人选。我想到了莫帝，我找出当时我为他写的硕士研究生推荐信：

硕士研究生推荐信

西班牙留学生莫帝在北语四年本科学习期间与我接触较多。作为教母语为西班牙语学生经验丰富的教师，我和他交流很多。该生学习刻苦认真，有语言天赋。其汉语语音标准，词汇量较大，语法概念基本清楚，口语表达流利，用词恰当。我做过一任孔院中方院长，主抓教学，所以我们曾讨论过他的毕业论文《孔子学院和塞万提斯学院运作模式对比——以北京塞万提斯学院与西班牙瓦伦西亚大学孔子学院为例》。在指导教师的帮助下，该论文被评为优秀论文。如若作者能在书面表达上更上一层楼，他将是非常优秀的毕业生。我推荐他报考我校汉语国际教育专业研究生。

他性格开朗、乐于助人，有团队合作精神和较强的组织协调能力，责任心较强，办事严谨，又热爱教育。他从事过西班牙语、英语的教学工作。我认为他是一棵海外汉语教学的好苗子，将来一定会在这个领域内发挥更大的作用，成为中西文化交流的尖兵。

我极力推荐！

北京语言大学汉语学院
李艾
2013年1月10日于北京

我又增加了一些内容，发了过去。北大那边让他去面试，考官非常满意。可惜那边没有博士学位，所以他纠结了很久，最终选择了退出，决定回国深造。

为此，他毕业后回到了家乡，在西班牙巴斯克大学攻读博士学位。后来，他圆满完成了学业，拿到了语言学博士学位。

之后，他成为加利西亚国立语言学校的汉语教师，实现了在家乡照顾年迈父母的愿望。他用自己创造的戏剧教学法，轻松愉快地从事汉语教学，还把视频发给我看。他在西班牙教授汉语，传播中华文化，活跃在课堂上。同时他还兼任文化活动中心的负责人，孩子们表演着中国小品，或者扮上扮相，念一口京腔京味的道白，生动地演绎着中国故事。

2022年1月14日，西班牙著名的报纸《世界报》用极大篇幅介绍了莫帝以外国专家的身份在中国从事西班牙语教学的先进事迹。他的祖国表彰了他在海外传授西班牙语和宣传西班牙文化的傲人成绩。

我也要表扬他在西班牙教授汉语，传播中国文化的成就。我为有这样优秀的学生和朋友而骄傲。这是我一生的幸福。

尼罗河畔的约会

2013年初,我参加朋友组织的旅游团去埃及旅行,造访了金字塔、狮身人面像、苏丹·哈桑清真寺、萨拉丁城堡、卡尔纳克神庙……埃及几千年的文化积淀都展现在传统的纸莎草画上,在所有景点的礼品店、礼品摊,以及大大小小的孩子手上,以这些名胜古迹为内容的画作十分生动。

尼罗河,全长6671千米,流经埃及,是埃及人的母亲河。尼罗河两岸风光旖旎。站在船头的甲板上看着行船剪开的浪花,我想起了我教埃及学生希夏姆的时光。那是20世纪80年代,希夏姆是一个有着黑色卷曲头发、明亮大眼睛的埃及清瘦小伙儿,他在我的班上,我记得他听课特别专注,作业认真,从不缺课。时隔18年,我与他的见面安排在了我埃及行程的最后几天。欣赏着尼罗河那迷人的风光,我脑海中浮现出了九曲黄河在汛期时奔腾咆哮的壮阔,浮现出了万里长江海纳百川的气势。它们是中国最重要的两条河流,埃及人民热爱尼罗河如同我们热爱黄河、长江一样。

导游是个埃及姑娘,有着一双水灵灵的大眼睛、长长的睫毛。她用汉语给我们介绍埃及的苏伊士运河,说那是重要的国际航道,是连通地中海和红海的要道。她讲到了"沙漠中的绿宝石"伊斯梅里亚,还介绍了阿斯旺高坝、纳赛尔水库……自豪的神情溢于言表。我问她:"你的发音不错,是谁教的?"她说:"希夏姆老师曾教过我口语、汉字和写作。希夏姆老师是从北京留学回来的,是艾因·夏姆斯大学中文系的副教授。"我看到她手写的点名用的游客名单,字迹工整,笔锋有力。我问她:"汉字难吗?"她说:"原来觉得汉字太难了,好多同学都打算放弃,只学说话。希夏姆老师用一种独特的教学法教我们汉字。学不进去的绝大部分人也迅速入门了,很快就掌握了汉字的写法和意思。"她还告诉我:"希夏姆老师还用阿拉伯语讲中国文化课。我只在电影和图片中看到过北京的故宫、天坛、地坛、日坛、月坛、圆明园、颐和园,太不过瘾了。我渴望去中国留学,想亲眼看看这些古老而美丽的地方。"当她得知我是北京语言大学的老师,曾经教过她的老师时,对我肃然起敬,她兴奋地说:"艾因·夏姆斯大学的外教来自北语,校长给我们介绍过,有朱老师、杨老师、张老师、郭老师……我记不住他们的名字。"她提到的这些老师应该是朱立才、杨孝柏、杨石泉、张月池、郭志良等几位老师。然后我们开始聊中国的万里长城和京杭大运河。

2013年1月5日下午,希夏姆驱车两个半小时,来到了我住的金字塔饭店,这是一个五星级饭店,坐落在开罗市的西南角上。多年后的相见,我们二人几乎要相拥而泣。他清着哽咽的嗓子,我擦着含着泪花的双眼。当年的瘦小伙儿微微发福,头顶发际线后移了不少,还留起了小胡子。我们各自述说着离别后的岁月,方方面面说个不停。不知不觉天色已晚,在落日余晖中,我看到金字塔塔尖在闪闪发光。

临告别时,他从口袋里掏出一个优盘说:"老师,请你帮我看看我写的几篇论文,如有不当的地方,请帮我改改!不着急,之后您用邮件发给我就成。"我让他把论文拷贝到我随身带来的笔记本电脑中,一共是五篇。

当晚,我打开论文时震惊了。论文主要是用汉语完成的,其中夹杂着阿拉伯语注释,洋洋洒洒将近三万字。我忍不住开始阅读。

第一篇是《埃及本土汉语教师培养培训的现状与前景——以埃及艾因·夏姆斯大学语言学院中文系为例》。这是一篇发表在《世界汉语教学学会通讯》2012年第3期上的文章,希夏姆在文章中表现了自己的困惑并提出了问题,他迫切地希望改善埃及汉语教学的现状,提出加大培养本土教师的力度,并因地制宜地做出改进方案。

第二篇是《从系统性教学法的角度探讨汉字教学的新倾向》。在这篇论文里,他把汉字教学研究提高到探究适应母语是阿拉伯语的学生特点的教法的新高度。他冲开了"字从文"的汉语教材的羁绊,完全按照汉字自身规律,从"汉字的基本笔画""汉字的基本笔顺""汉字的间架结构""汉字的偏旁部首"等方面,自成体系地

师生相聚在埃及开罗的金字塔饭店，从左至右依次是金明老师、希夏姆、李艾

进行汉字教学。论文中的汉字部分做得非常精细，图表、例字、偏旁、部首详略得当。汉阿对比部分，全部用阿拉伯语讲解得清清楚楚。

第三篇是《通过语料库统计计算法建立汉阿词语搭配数据库》。希夏姆的这篇论文让我感到震惊，字里行间能看出他投入了大量时间和精力，学习、利用计算机和现代技术，在"汉阿词语搭配"方面做了深入研究。他和他的团队兢兢业业，吃苦耐劳，永不言弃，做出了相关数据库。文中的汉语表达专业且到位！让我惊叹不已。几十年的光景，他锲而不舍地钻研着、学习着，真的得对这个阿拉伯小伙子刮目相看了。

第四篇是《计算机在汉阿语料库建设中的运用问题》。这篇论文共 15091 字，足足写了 33 页。从技术层面阐述了如何建设语料库和怎样使用电子数据库解决专业双语词典在编纂过程中遇到的问题，使编纂词典成为可能。通篇行文流畅，逻辑思维清晰，论点明确，无病句和错别字。看到此，我发自内心地赞叹，我亲爱的学生是在做一项何等伟大的工程啊！业内人士都把编纂词典和编写教材，特别是基础教材，看作最艰苦的工作。他却大胆地选择了并勇敢地在战斗。我为他自豪！

第五篇是《电子数据库在开发专业词典中的运用》。论文的部分原文如下：

探讨语料库建设中的语料格式属性标注，集中讨论双语语料库的建设，因为该语料库是应用语言学的基石，把实际运用的语言作为出发点，来进行不同方面的应用研究，如翻译学、词典编纂学、外语教学等。以便把语料库观念向广大的研究人员推广。

我引用希夏姆的论文片段，是想让大家看一看，在埃及有这样一支科研团队，他们热爱中国文化、了解汉语教学的原理，他们勤勤恳恳战斗在教学和科研的第一线。他们竟然开启了编纂汉阿双语专业词典的巨大工程！这是何等勇敢、坚韧、顽强的战斗精神啊！

当我关上电脑走到窗前，舒展一下我的腰身，遥望东方，天已经发亮，灿烂的朝霞布满天际，太阳冉冉升起，露出半个笑脸。金字塔在晨光中闪烁着金光。

我不禁想，当年培养的一颗"汉语种子"，在埃及生根发芽，茁壮成长，渐渐枝繁叶茂，如今竟是参天大树了。他的这些教学成果展示了他20多年的努力和付出，他的汗水和劳累换来埃及汉语教学的春天，我相信更加美好辉煌的汉语教学前景必将展现。

"授人以渔"的教师，此刻是何等快乐！何等欣慰！

立志学习汉语的柬埔寨小和尚

柬埔寨是一个佛寺林立的国家，凡有人聚集的地方，就有金碧辉煌的寺庙。1988年起，柬埔寨规定以佛教为国教。寺庙为保存柬埔寨的文化做出了不可磨灭的贡献。对柬埔寨民众来说，寺庙是心灵的寄托，各种民间庆典、传统的宗教仪式都是在寺庙中举行的。

2015年，我们柬埔寨语班组团去柬埔寨旅游的时候，来到乌那隆寺。乌那隆寺建于1441年，于1979年重修。传说乌那隆寺内的大佛塔埋有古代一位不知名的圣人的眉毛，该寺由此得名——"乌那隆"是巴利文，就是"圣眉"的意思。该寺庙位于王宫北面约200米处，面对洞里萨湖，是金边六大寺院中最宏大的寺庙。它内设梵文和巴利文的研究机构，寺内建有佛殿、宿舍、学校图书馆、办公室、医院等。柬埔寨历代高僧都居住于此，而且该寺还先后接收了来自柬埔寨各地的无数学者和穷苦青年来此学习、研究高棉文化。寺庙周围建有大大小小、高高低低的骨灰塔，其中一座葬着柬埔寨语言学家尊纳僧王——他编撰了《高棉语大词典》。人们把这里看作风水宝地，纷纷来此修塔供奉祖先。这大概就是塔林形成的原因。

在学校出现之前，寺庙是学习的课堂，孩子们在这里能学到初级的语言文字、历史文化知识等。我在乌那隆寺旁边遇到了一个名叫陈文茶的18岁的小和尚。他来自贡布省斯东布朗碧寺，身披橘黄色的袈裟，穿着夹趾拖鞋，腋窝下夹着一本书。他见到我，礼貌地上前合十，用汉语对我说："你好！"然后，他从腋下拿出一本中文版的《般若波罗蜜多心经》，用带着大舌颤音的法文问我："如果我学习汉语，要怎么做才能够读这本佛经？"我用法语回答说："Petit à petit, l'oiseau fait son nid!"意思是一点一点地（学习），就像小鸟筑窝那样。这是我的座右铭，经常挂在嘴边，所以我可以立即说出口。然后，我马上改口用柬埔寨语对他说："天下无难事，只怕有心人！"柬埔寨语毕竟是我的童子功，本科学的。

当他惊喜地发现我会说柬埔寨语时，就用柬埔寨语跟我聊了起来。他告诉我这本中文版的《般若波罗蜜多心经》是一个来旅游的中国人送给他的，那个人还教会了他说"你好"。他坦诚地和我说他特别想学习汉语，想认识汉字，然后阅读这本佛经。我告诉他，汉字一点儿都不难，并且马上拿起树枝在地上教他写"一、二、三、人、八、入、田、力、男、女"，他跟着我一笔一画地写着。我问："汉字难吗？一分钟你学会了几个汉字？"他高兴地说："十个！"然后，我又教他汉语拼音，告诉他："声母的写法跟法语的辅音写法一样，只是发音不同。单韵母中几乎所有的发音，柬埔寨语里都有。所以汉语一点儿都不难！"除此之外，我还告诉他："汉语中没有柬埔寨语中的大舌颤音，汉语拼音里的 r 不能发法语的小舌颤音，更不能发大舌颤音。"我还叮嘱他："汉语的四声要下大力气练习，因为柬埔寨语中没有类似的发音。汉语的句子念起来是流畅的，不要受柬埔寨语阻声的影响，读汉语句子时也磕磕巴巴的。"由于时间关系，我只能和他讲这么多，最后我和他说，希望他今后学习时慢慢体会。

乌那隆寺是旅游胜地，来来往往的中国游客很多，我相信他只要不间断地向他们学习，就一定能学会不少。告别时，他告诉我，等他结束寺庙里的学业还俗后，一定要到北京语言大学学习汉语。

珍贵的赠书和中文教学的传承

中国和日本是一衣带水的邻邦，在复杂的历史背景之下，两国人民对和平友好相处充满期待。2017年，在时任国际周恩来研究会秘书长的童丹宁大哥带领下，我参加了西花厅后代赴日种樱花的活动。童丹宁大哥在红岩村出生，是周恩来总理抱过的孩子。我们一行人飞到东京后，在日本创价大学的校园里种下樱花树，起名"西花厅樱"。

我们参观了镌刻着由廖承志先生手书的周总理诗作《雨中岚山》的诗碑。童丹宁的夫人王素平女士代表大家在碑刻前深情地朗诵了周恩来总理的这一诗篇。

1974年，周恩来总理在病榻上会见了时任日本创价学会会长的池田大作先生，池田先生是中日邦交正常化的倡导人之一。周总理紧紧地握了他的手，与之亲切会面。次年，创价大学接收了6名中国留日学生，他们和日本学生在校园里种下了樱花树，起名"周樱"。1978年4月，为预祝周总理夫人邓颖超女士访日，创价学会青年成员和访日的中华全国青年联合会代表一同种下了两棵樱花树，池田先生将其命名为"周夫妇樱"。同年8月，中日两国缔结《中日和平友好条约》。我相信我们亲自挖坑、培土、浇水种下的"西花厅樱"，必将见证中日两国人民的世代友好。

在这个过程中，我结识了赵元任先生的外孙黄家汉及其夫人郭北平。当郭北平得知我是北京语言大学的教师，是赵元任先生事业的传承者之后，与我谈兴甚浓。在日本期间，我们在大巴上聊，在饭桌上聊，甚至走路时也聊，渐渐熟识起来。郭北平在回国的飞机上和我约定，等他们去南京探望过母亲赵新那之后，会回到北京，到时想和我们北京语言大学的一批终生奋斗在对外汉语教学第一线的老教师们见见面。她希望我帮忙组织这次聚会。

2017年6月,一个阳光明媚的日子里,常年从事对外汉语教学的北京语言大学资深教师鲁健骥、吕文华、阎纯德、李杨和我与为民,同赵元任先生的外孙黄家汉及其夫人郭北平在五道口的饭馆欢聚一堂。我们这些把青春和热血都奉献给对外汉语教学事业的老教师们,和他们二人一起深情地回忆了赵元任先生开创对外汉语教学的光辉历程。

赵先生是公认的"中国语言学之父",是现代语言学大师、天才的作曲家、卓越的翻译家,也是我们从事对外汉语教学的晚辈一直尊崇的先贤。他1922年在哈佛大学任教时,第一次给西方学生开设语言课,被认为是"美国中文教学的开拓者和奠基人"。

之后,郭北平介绍说:"我是西花厅的孩子,从小在周恩来总理和邓颖超妈妈身边嬉戏、玩耍、学习、进步、长大。我特别喜欢西花厅院内的那棵海棠树,那时候,我们这群孩子经常在院里围着那棵树跑来跑去,玩捉迷藏。现在我们在日本种下了'西花厅樱',完成了周总理的夙愿。这次能够结识李艾老师,有幸代表母亲赵新那在北京见到北语的各位老师,我特别高兴。你们是赵先生事业的继承者,也是对外汉语教学第一线上的尖兵。"

黄家汉则微笑着介绍自己的父母亲:"二十世纪四五十年代,我父亲黄培云应国家之需,回国受聘担任武汉大学矿冶系主任,不久后,他又投身中南矿冶学院(中南大学前身)的创建工作,致力于开拓我国粉末冶金学科建设,为国家培养急需人才。当时我的母亲赵新那已经从哈佛大学毕业,她随行回国,在武汉大学讲授化学。我母亲最不喜欢别人称她'赵元任次女''黄培云夫人'。她说她和我父亲走到一起,是因为有着共同的心愿和共同的志趣。"

郭北平补充说:"20世纪90年代,我们的母亲逐渐淡出学术岗位。此后不久,她开始着手整理外祖父赵元任的遗物。1998年,母亲在父亲的辅助下,编写了《赵元任年谱》。此后,外祖父拍摄的两万余张照片,以及他从1906年至1982年76年间的日记手稿陆续从美国邮寄回祖国。母亲呕心沥血数年,对照片进行了整理,协助责任编辑辨认了日记和手稿并编写说明。商务印书馆陆续出版并发行了母亲整理的《赵元任年谱》《赵元任语言学论文集》《赵元任全集》等重要成果。"

黄家汉教授代表她母亲赵新那女士向我们赠送了2011年商务印书馆出版的

A Grammar of Spoken Chinese。每本书的扉页上都有赵新那女士的亲笔签名。大家都如获至宝，珍爱有加。

郭北平最后又说："临来时母亲再三嘱托，一定要向北语的老师们致谢。她说是各位老师几十年如一日，在我们外祖父开创的对外汉语教学事业中拼搏。她代表我们全家祝各位老师身体健康！"

其他教师情况如下：

北语资深教授鲁健骥，曾经在美国、意大利、巴基斯坦、英国任教或做研究，他在澳大利亚新南威尔士州教育部任中文教育顾问时，经常深入教学点调研。那天，他谈到了他的专著《对外汉语教学思考集》里的中介语理论与偏误分析，谈到了他对对外汉语教学及教材编写的思考，也谈到了对外汉语教学学科建设及其他内容。他指出，中介语的研究是一片广阔的天地，他倡导有志于此且又有条件的晚辈继续钻研。

吕文华教授，毕业于华东师范大学中文系，自1964年起从事对外汉语教学工作，积累了丰富的教学经验。她为培养年轻的对外汉语教师和志愿者付出了不少心血，常常挑灯夜战，始终坚守三尺讲台。她一边教学一边写作，写出专著《对外汉语教学语法探索》，受到了广大学习者的喜爱，也备受身居海外的对外汉语教师尊崇，对他们的教学起到了很好的指导作用。同时，她还和鲁健骥教授共同主编出版了专供外国人学汉语使用的辞书《商务馆学汉语词典》。

阎纯德教授则简单地介绍了他主编的《中国文化研究》和《汉学研究》两本刊物，说起了初创两刊时的经过。1993年，北京语言学院主办的《中国文化研究》创刊。阎教授请来季羡林先生当顾问，并亲自登门讨要到题词。季先生多年来一直关心该刊物的成长，参加了不少座谈会并发表演说。1998年，在《中国文化研究》创刊五周年之际，季先生又题写："诚挚祝贺《中国文化研究》创刊五周年，百尺竿头，更进一步！"1995年5月，《汉学研究》创刊，阎纯德教授为之作序。多年来，《汉学研究》刊载了中国众多资深教授和学者的潜心研究，以论作的形式向中国读者介绍了大量来自世界各国的汉学家及其研究成果，这些论作丰富了汉学研究的历史，非常珍贵。

李杨教授是北大中文系的优秀毕业生，从事对外汉语教学几十年，也做过相当

黄家汉、郭北平夫妇代表母亲赵新那向各位老师赠送了赵元任先生的 *A Grammar of Spoken Chinese*。

长时间的系主任，领导全系的教学和科研工作，指导过不少对外汉语教学专业的论文。喜好文学的李杨教授，还创作了长篇小说《太阳梦见我》，深受少年儿童喜爱。她说道："季羡林先生指出，必须重新认识西方汉学家。同时，他还预言，'到了21世纪，阴霾渐扫，光明再现，中国文化重放异彩的时候，西方汉学家将是中坚人物，将是中流砥柱'。"

我则是1968年毕业于北京外国语学院（现北京外国语大学），自1975年在北京语言学院给母语是法语的外国留学生教授汉语开始，至今共教过俄罗斯、西班牙、葡萄牙等五六十个国家的留学生。我还曾在乌拉圭、西班牙、古巴等国家留学、访问、工作了15年。2005—2008年，我编著的《新思维汉语》由外语教学与研究出版社陆续出版。这是一套专门为母语是西班牙语的外国人量身定做的基础汉语教材，用"中西对比"的方式突出西语学生学习过程中的难点、重点，是从师生互动的角度进行编写的。我充分利用了西班牙中国之友协会的汉语学校和哈瓦那大学汉学中心的教学平台，一边编书，一边教学，一边继续修改。中高级部分在古巴外交部直属的语言学院试用过，也根据学生反馈的意见进行了修改。

我的爱人，新华社高级记者颜为民先生，曾在乌拉圭、西班牙、古巴用西班牙语讲授过《论语》《道德经》中的中国故事。他说："把中国文化和西班牙的拉美文化都编在课文里，让学生用汉语讲述自己本国的风土人情，是个不错的设计。学生在演讲比赛中说得很好，在作文比赛中写得也很生动。"

这次欢聚在友好、和谐、进取的气氛中进行着。我们一起品尝着地道的北京风味菜品，畅聊着珍贵的人间真情。大家谈笑风生，久久不愿离去。

秋天的故事

——纪念北语《霜叶》创刊二十周年

两片殷红的霜叶飘飘然将我带进层林尽染的秋天，在这收获的季节，双月刊《霜叶》迎来了她的二十周年纪念日。20年来，此刊致力于宣传北语信息，丰富北语历史，传播中国传统文化。在这一平台上，不仅有名师答疑解惑，还有诗文、篆刻、摄影等作品的展示、赏析，温暖着离退休干部、教师、后勤工作人员的心。

广大离退休人员在这片芳草地上，细心耕耘，愉快播种，勤勉浇灌，终于迎来了群芳吐艳、百花飘香、硕果累累的《霜叶》的今天。

我作为早期《霜叶》的作者，有幸同李郁章、马河清、王志武几位老师相识。他们在《霜叶》创刊初期辛勤工作，不求回报，兢兢业业。他们常常鼓励我投稿。记得一次春游，慈眉善目的李郁章老师主动跟我说话："李老师，你在国外有那么多的经历，可以给我们《霜叶》写写稿啊！"隔系如隔山，这是我第一次同他交谈，不免猜想他是如何知道我的经历的。我随爱人在外工作，写过一些报道和小文，可都是发表在《环球》《中国青年报》《环球时报》等刊物上。根据我自己的经验，我阅读别人的文章时，如果是不认识的作者，往往是记不住名字的。马河清老师在一旁搭腔："我听徐庆平老师说起过你，你一定能胜任，试着写写吧！"

20世纪80年代，我在外语系旁听过徐庆平、马洪志、乐嘉志等老师的法语课，下课时曾在楼道里碰到过一脸严肃的马老师，只知道他是法语教研室的领导，说话是很有分量的。我当时在一系用法语给外国留学生上基础汉语课，在二系兼着高棉语的翻译课。因为我们一系领导没有派我去学习法语，我是利用空闲时间去蹭课的，所以我见到他经常像老鼠见了猫一样，匆匆溜走，生怕他"一声令下"，不让我旁听了，因此我没有同他说过话。如今他也鼓励我写稿子，我很感动，于是我答应写一篇《不同的肤色，相同的根》试试。

果然《不同的肤色，相同的根》变成了铅字，在老同志中传阅，我的朋友、同事见了我，都会夸我几句。我很开心，从那时开始爱上这块"芳草园"。

打那以后，我就跟《霜叶》结了缘，李、马、王三位老师的篇篇美文我都如饥似渴地阅读，从中汲取养料。他们都是文字高手，成了我的"函授课"老师。每每在校园里碰到他们，我们都会亲切交谈。我也不断地投稿，屡屡被采用。一次在路上碰见王志武老师，他说："小李，你那篇写西班牙风情小镇的文章，句句浓情，写得不错啊！一句废话没有。"于是我又鼓起风帆，破浪前进了，连着写了几篇。郁章老师会点拨几处，鼓励说："你知道该怎么写，改完后拿过来。"果然，那几篇都发表了，我心中的小小成就感油然而生。

我在校园里散步时，常常碰到马河清老师，发现他一点儿也不"可怕"，非常亲切。他还经常用法语跟我打招呼，我们长时间地聊天，天南海北，古今中外，无所不谈。我甚为高兴，受益匪浅。我对爱人说："北语人才济济，高人如林，咱们搬回北语住是何等正确，真正实现了'谈笑有鸿儒，往来无白丁'。三步一个硕士，四步一个博士的校园里，欢声笑语，朝气蓬勃，孩子们生龙活虎，好不开心。"

20年来，在《霜叶》这块精致的小"菜园"里，李杨、鲁健骥、吕文华、陈灼、刘杰、刘新成、刘家业、崔乙、刘淑娥、濮长荷、汪宗虎、王世生、于灈非、李春生、刘镰力、王恩保、黄祖英、徐金招、董原、沈忆敏……众作者辛勤耕耘，他们瓜果满园，秋藤满架，硕果累累。感谢20年来所有的编辑，他们是真正的功臣。北语晚晴诗社自2012年成立以来，常常有教师们的原创诗篇发表，许多精彩的诗篇都发表在《霜叶》上。刘杰老师认真负责，不辞辛苦，全身心投入，编辑成册，共10余本。黄祖英老师是他的好帮手。

感谢北京市哲学社会科学研究基地首都国际文化研究基地资助，感谢北京语言大学中华文化研究院的大力支持，我才写完了这本故事集。

我出国任教许多年，认真投入开发母语为西班牙语的外国人学习汉语用的基础教材。我曾扔下"芳草园"的锄耙，披挂出征，在异国他乡和外籍教授合作，完成了对《新思维汉语》的编写、试用和修订。最终，该教材由外语教学与研究出版社正式出版，2022年，北京语言大学出版社又陆续再版了《新思维汉语》。

而今我要脱下战袍，着我女儿装，重新回到《霜叶》这块精致的小"菜园"，勤于耕耘，春播秋收。待到漫山遍野，霜叶再次红起时，我要再次献上我的果蔬。

后 记

母亲——一个多么神圣的称谓，她给予你生命、抚育你成长，她教你做人的道理、培养你的意志品质，她教会你各种知识、本领，她教育你热爱祖国、忠于人民、服务社会，她引导你成为在无论多么艰难困苦的环境下都能顽强生存下来的人。父爱如山，高大而巍峨；母爱如天，高远而深邃。父爱如河，源远流长；母爱如海，深沉壮阔。

当我写完《教汉语，走世界》这本书时，各国留学生动人的笑脸在我眼前和睡梦中浮现。我想起了我的母亲林莹，很多很多年前，她先在延安女子学院任文化教员，而后调到延安党校任文化教员。她和她红军学员的深厚情谊，让人难以忘怀。延安当时有660多位外国友人，母亲被组织调去教外国人，他们来自美国、朝鲜、日本、印度、德国……母亲是万里征途中的一名女兵，革命浪潮里的一朵浪花，也是宝塔山下的普通执教者、中国文化的忠实传播者。

下页这张照片中的文化教员们如果在世，现在大概都100多岁了。她们和母亲一起在清凉山下、在延河畔，教外国友人汉语和中国历史、地理、文化的一幕幕场景，总是在我脑海里浮现。她们鼓舞我选择了对外汉语教学，她们的精神支撑我走遍了世界多地的三尺讲台。我把毕生的精力献给了这一事业，无怨无悔。

这本书谨献给我的母亲林莹和那些抚育我长大成人的"妈妈爸爸"们。她们分别是：血浓于水的史群英妈妈，拯救我生命、给我智慧的邓颖超妈妈，呵护我幼小生命、让我转危为安的李天佑夫人杜启远（杜坤）妈妈，"马背摇篮"的随行朝鲜族妈妈高仁顺，保障我们东湖八一小学全校同学健康的谭政夫人王长德妈妈，给我们全体中南军区干部子弟以正规教育的小学校长罗荣桓夫人林月琴妈妈、副校长余

后排左三戴帽子者是李艾的母亲林莹，背景是延安的窑洞

慎妈妈，还有认真执行建校宗旨、亲历亲为的吴朝祥妈妈、谢果妈妈，以及班主任金国英妈妈、生活管理老师李素珍妈妈，还有孙继远爸爸、王益明爸爸、赵生和爸爸、胡云山爸爸。没有他们的辛苦付出就没有我德、智、体的全面发展。

《教汉语，走世界》中的文章，基本都是我在教授汉语和弘扬中华文化的同时，努力学习他国语言、文化，宣传他国优秀人物事迹的过程中发生的故事。优秀的中国文化吸引了各国友好的学习者，他们汉语水平虽然不高，看不懂难度较大的汉语作品，但他们阅读了大量中国作者的翻译作品。通过了解这些作品的内涵，他们深入研究了中国的历史、文化等多方面的内容，在有了一定的积累后，他们得以从更高的层面介绍和讴歌中国文化。如西班牙诗人恩里克·格拉西亚和中国画家徐宗挥合作翻译了唐宋词人词选《爱与离别之歌》，这是深层次学习中国文化、传播中国文化、进行文化交流的典范。

我想念本书中提到的每一个学生，我思念和他们在一起的美好时光。现在他们都已长大成人、成才，做到了学以致用，用汉语在不同的岗位上工作、拼搏。许多人都已为人父母，又把他们的子女送来中国，继续学习汉语和中华文化，我由衷地感谢他们。

我感激每一位在学术上和我合作、切磋、交流的学者，感谢莱格拉教授、汉学家和藏学家毕隐崖、"俄语教母"李莎、董燕生教授、岑楚兰教授、张清常教授、陆俭明教授、鲁健骥教授、程棠教授、任远教授、曹文教授。他们多年来一直鼓励、教导我，让我刻苦钻研，精工细磨，边教、边编、边改，完成一套专为母语是西班牙语的学习者使用的基础汉语教材。感谢所有参与试用的教师和学生，他们的宝贵意见和建议让我完成了《新思维汉语》的艰巨工程。我愿以《教汉语，走世界》献给各位，也作为我对外汉语教学事业的封笔之作。

李艾的西班牙语老师莱格拉教授

后 记 | 123

汉学家毕隐崖先生（左）和北外"俄语教母"李莎教授（右）

李艾（右）和"俄语教母"李莎教授（左）